品牌经营 36 计

品牌定位与品牌营销运营攻略

慧杰 编著

中华工商联合出版社

图书在版编目（CIP）数据

品牌经营 36 计 / 慧杰编著. —北京：中华工商联合出版社，2023.8
ISBN 978-7-5158-3737-6

Ⅰ.①品… Ⅱ.①慧… Ⅲ.①品牌营销 Ⅳ.①F713.3

中国国家版本馆 CIP 数据核字（2023）第 150410 号

品牌经营 36 计

作　　者：慧　杰
出 品 人：刘　刚
图书策划：华韵大成・陈龙海
责任编辑：胡小英　　楼燕青
装帧设计：王玉美　　王　俊
责任审读：付德华
责任印制：陈德松
出版发行：中华工商联合出版社有限责任公司
印　　刷：北京毅峰迅捷印刷有限公司
版　　次：2023 年 10 月第 1 版
印　　次：2023 年 10 月第 1 次印刷
开　　本：710mm×1020mm　1/16
字　　数：180 千字
印　　张：15.75
书　　号：ISBN 978-7-5158-3737-6
定　　价：68.00 元

服务热线：010 — 58301130 — 0（前台）
销售热线：010 — 58302977（网店部）
　　　　　010 — 58302166（门店部）
　　　　　010 — 58302837（馆配部、新媒体部）
　　　　　010 — 58302813（团购部）
地址邮编：北京市西城区西环广场 A 座
　　　　　19 — 20 层，100044
http://www.chgslcbs.cn
投稿热线：010 — 58302907（总编部）
投稿邮箱：1621239583@qq.com

工商联版图书
版权所有　侵权必究

凡本社图书出现印装质量
问题，请与印务部联系
联系电话：010 — 58302915

转化变现进行剖析与讲解；对初学者来说，通俗易懂，更易于操作；对企业家的思维拓展更有参考价值。

——慧杰咨询连锁经营咨询师 易成友

推荐

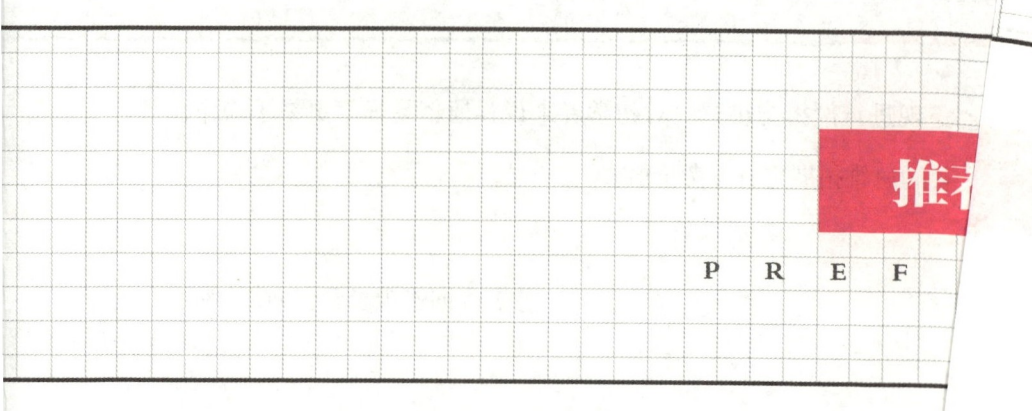

PREF

品牌价值一般是从美誉度、忠诚度、知名度这三个要素进行同时这三个要素的评估都需要市场反馈与销售数据来支撑，所以运营能力决定了品牌的变现能力。

尤其是在当今这个新经济竞争环境下，品牌的个性价值越它能让有独特品牌价值主张的商品与服务在纷繁杂乱的信息中让消费者的选择变得格外简单，且容易传播与发生裂变。

品牌的创建是一项既简单又复杂的系统工程，简单是基于和自身资源匹配（也叫品牌配称）的结果定位；复杂是怎么让的价值与市场需求进行匹配。

本书从品牌创建、运营到变现的全流程和全维度，融合文化、消费心理学、营销学等多门学科知识，从新颖、独特度，生动地阐述了作者多年品牌运营与变现的心得与体会运营从事者与企业家以更多更务实的指引与启发。

同时，本书作者引用了大量的具体案例对品牌建设、运

推荐序二

PREFACE

品牌对于消费者的购买行为具有重要意义。每一个消费者都清楚地知道哪些品牌能够满足他们的需求，哪些品牌不能。也就是说，消费者知道某个品牌，并对它有一定的了解，他就会优先选择。从这个意义上来说，品牌与消费者之间有心理合约的作用，品牌在一定意义上简化了人们的购买行为。

在做企业管理咨询的过程中，我发现老板们对于品牌的价值与作用的认知越来越清晰了，但是如何快速打造与管理品牌，很多人在认识与实操上还存在问题。有的企业认为打造品牌就是请明星代言，有的企业认为打造品牌就是花重金打广告，有的企业认为打造品牌是利用新闻炒作概念，还有的企业把品牌打造寄希望于网红，等等。

其实，企业品牌的打造，一定要先从客户那边找到自己存在的意义，要先做口碑推广，然后再进行信任度、知名度的推广，这样才能让客户全方位地认识自己的品牌，才能让品牌发挥最大价值。这本书讲述的"定位至上、引流获客、营销转化"三大关键环节组成了品牌系统打造的三大要件：

定位至上的目的是让客户快速记住自己，牢牢记住自己；

引流获客是将自己的产品或者服务推广出去，让别人知道，同时能引导别人到你需要展示成交的地方；

营销转化就是品牌产生的流量要进行转化，最后达成盈利的目的。

上述三大关键环节也是本书的内容。这本书用"策略＋运用要点＋案例"的方式，深入浅出地说明了如何有效地操作品牌打造及运用三大环节，更好地打造企业的专属品牌，最终让品牌为企业发展助力。

慧杰老师多年来一直在从事品牌策划的工作，具有丰富的实践经验，加上他不间断的理论研究，两者的结合更加促进了他对品牌及品牌建设领域深刻而独到的见解。在多年的品牌咨询服务过程中，他曾经策划了"可以嚼着吃的黑酸奶""忠义粮""燕赵味道"等可圈可点的品牌策划案例。

创造自主品牌、创造有市场影响力与社会影响力的强势自主品牌，是企业转型升级的重要路径。企业如果要改变产品的低价低值宿命，就一定要改变在销售上的弱势，一定要争取市场上的主动权与话语权。

——慧杰咨询组织系统咨询师　钮翔玉

自序
PREFACE

"醉酒当歌,人生几何。"

当我们看到这句话的时候,感受到的是一种逍遥洒脱。

"一切皆有可能。"

当我们默读这句话的时候,我们不由得全身充满了力量。

而企业的"品牌建设"所起到的基础作用正是如此之感。当消费者看到一个词语、一个符号、一种颜色、一种包装的时候,他会不由自主地联想到什么,从而激发消费者的内在购买欲,这就是品牌的力量。

"设计什么都不如设计人生经历。"是的,作为一家企业来说,不但要设计自己的企业"经历",我们还要尽可能多地去设计"消费者的购买经历",而这个经历的前提就是"品牌刺激"。

任何一个品牌都是一个"公众承诺",我们不但要设计品牌的"基本元素",还要设计品牌的"基础定位",更要统筹品牌的"细节切割"。品牌战略、品牌驱动、品牌资产、品牌价值、品牌形象、品牌实施等多维度地呈现到市场,呈现给消费大众。

强大的品牌来自全方位的体验，而品牌的最终目的是"生产力转化"，所以这本书的主要内容从"定位至上、引流获客、营销转化"三个维度来阐述：

"定位至上"从 12 个方面讲明"如何设计品牌"；

"引流获客"从 12 个方面讲明"如何吸引流量"；

"营销转化"从 12 个方面讲明"如何驱动购买"。

期望所有的企业家都能够把自己的企业经营成品牌，并能够设计出"独一无二"的自有品牌。请记住，好的品牌形象一定要满足"九度逻辑"：品牌知名度、品牌美誉度、品牌反应度、品牌注意度、品牌认知度、品牌美丽度、品牌传播度、品牌忠诚度、品牌追随度。

慧杰

前言
PREFACE

以往，企业之间的竞争是产品力之间的竞争。一个企业只要产品品质过硬，就会有良好的口碑，随之而来的就是巨大的经济效益。

随着互联网的急速普及，有太多一夜爆红的品牌如雨后春笋般冒出来。这些品牌很多只是昙花一现。那些真正能够存活下来的，都有一个显著的特点，就是拥有强大的品牌竞争力。

品牌是一个企业宝贵的无形资产，企业能够借助品牌战胜对手、抢夺市场、开辟财源，品牌拥有其他有形资产所无法比拟的价值，是企业可持续发展的核心。

尤其在当下，供应远远大于需求，企业之间的竞争已经进入一个超竞争时代。品牌也已经从企业形象的华丽描述夺人眼球，上升为企业生存的基本手段。企业之间的竞争，已经成了品牌之间的竞争。"无品牌不生存"是当前这个超竞争时代的底层逻辑。企业亟须构建强效且持久的品牌竞争力，以提升自己的生存能力。构建强效且持久的品牌竞争力离不开品牌定位与品牌营销。

对于一个品牌来讲，定位是核心。品牌定位是消费者和品牌建立关联的桥梁，好的定位可以为品牌赋予特定的含义，赢得消费者的认同，在消费者心中占据独特的位置，有效提升品牌在消费者心中的形象，与消费者之间建立起长期、稳定的关系，并能为企业的产品研发和营销计划指引方向。

品牌营销的意义在于更好地推广品牌和产品，让品牌有更高的知名度和影响力，其最终目的就是营销自己，实现流量和销量的双赢。最高级的品牌营销，可以利用品牌符号，将无形的营销网络铺设在每一个消费者心中，使得消费者选择消费时，只认准你的品牌，只钟情于你的品牌。

事实上，品牌定位与品牌营销是相互的，各有各的辅助作用，可以说是企业在市场竞争中得以取胜的两柄利器，缺一不可。

做品牌定位和品牌营销并不是随意为之，而是需要讲究战略和战术。战略和战术不济，就会削弱品牌竞争力？更不易在品牌流量和销量上取胜。

本书分为三大部分，分别是定位至上、引流获客、营销转化，所讨论的是品牌方略。全书巧妙地与兵法策略联系起来，以36计的形式，从理论和实践角度向读者呈现每一个计策的详情，剖析每一个计策的独到之处，传授每一个计策的实操策略和方法。

另外，本书结构清晰，实战性强，案例丰富，可读性强，为各企业和营销人员提供了很好的引导和帮助。

本书立志让每一位读者能够读懂、学通、会用，并能够借鉴成功企业的品牌定位和营销智慧，全面助攻品牌经营把战术计策发挥到极致，让企业品牌建设如鱼得水般立于不败之地。

目录

第一篇 定位至上

第1计 抢占先机：先声夺人，快人一步 / 003

第2计 针锋相对：标的对手，互争雄长 / 014

第3计 依草附木：借势乘凉，做大做强 / 020

第4计 衡短论长：客观对比，比出优势 / 027

第5计 攻心为上：抢占心智，攻城略地 / 032

第6计 追本溯源：名标青史，信而有征 / 038

第7计 有求必应：依附需求，赢得认同 / 044

第8计 潜移默化：弘扬精神，载入文化 / 051

第9计 独树一帜：展现个性，凸显自我 / 060

第10计 鹤立鸡群：高阶思维，彰显品位 / 065

第11计 东趋西步：逆向行之，出奇制胜 / 073

第12计 以强胜弱：以长攻短，取而代之 / 079

第二篇 引流获客

第13计 乘时乘势：巧乘东风，拨动千斤 / 087

第14计 扣人心弦：塑造价值，占据心智 / 094

第15计 动之以情：以理服人，以情动人 / 099

第16计 假手于人：粉丝代言，口口相传 / 108

第 17 计　伺机而动：引发互动，裂变扩散 / 116

第 18 计　群分类聚：标签筛选，精准引流 / 123

第 19 计　穿针引线：借池引流，互利互惠 / 131

第 20 计　化零为整：矩阵引流，多元传播 / 139

第 21 计　围魏救赵：打通圈层，开疆拓土 / 145

第 22 计　远交近攻：跨界联动，多维导流 / 151

第 23 计　同声相求：内容裂变，引爆流量 / 157

第 24 计　附骥名彰：名人引流，赋能品牌 / 163

第三篇　营销转化

第 25 计　改头换面：老酒新装，别出心裁 / 171

第 26 计　暗度陈仓：隐性营销，攻其不备 / 177

第 27 计　独辟蹊径：差异策略，别具一格 / 185

第 28 计　擒贼擒王：KOL 种草，现身说法 / 190

第 29 计　剑走偏锋：反向为之，谋得利益 / 195

第 30 计　价增一顾：标榜价值，优势取胜 / 200

第 31 计　引人入胜：还原场景，身临其境 / 206

第 32 计　实事求是：数据说话，有理有据 / 211

第 33 计　欲擒故纵：玩转逆反，水到渠成 / 216

第 34 计　以逸待劳：创新体验，激发购买 / 221

第 35 计　以退为进：进退有度，收放自如 / 226

第 36 计　眼见为实：多方见证，赢得信赖 / 231

第一篇

定位至上

公司要想长远发展，一定要有品牌定位意识。因为品牌定位可以让品牌在消费者心中占据一个有利的位置，能够更好地塑造良好的品牌形象。品牌定位是品牌经营的前提，更是品牌在异常激烈的市场竞争中取胜的关键。因此，品牌定位至上。企业一定要将品牌定位高度重视起来。

第1计

抢占先机：先声夺人，快人一步

茫茫商海蕴藏着无限商机。商业竞争讲究的是速度和时机。唯有抢先一步，才能占尽先机，掌握事情发展的主动权，从而击败对方。相反，如果总是步人后尘，东施效颦，永远难以取胜。抢占先机是品牌定位的重要战术之一。

【计谋释义】

明末清初时期的军事理论家揭暄，在其所著的《兵经百言》中有这样一段话："兵有先天，有先机，有先手，有先声……先为最，先天之用尤为最，能用先者，能运全经矣。"这段话告诉我们抢占先机是赢得战争胜利的关键。

战场作战要抢占先机，在商场中同样要抢占先机。市场中最早出现的东西往往是最具新鲜感的，而那些敢于第一个吃螃蟹的人往往是最大的受益者。正如人们常说的："先下手为强，后下手遭殃。"

当前的市场，产品模式、商业模式同质化严重，可谓是"你有我有全都有"。造成的结果是，各家的商品和服务都差不多，最后只能将差异化落在价格上，形成恶性价格竞争。

一个品牌，要想标新立异，就需要"先"字当头。《孙子兵法》中的"胜兵先胜而后求战"亦是此意。只有抢先一步占领高地，只有快人一步抢占优势位置，才能赢得消费者的青睐。

【运用要点】

品牌定位的方法有很多种，抢占先机是最核心的一种。这种定位方法在运用的过程中需要掌握以下三个技巧和要点。

1. 抢先开创新品类

消费者购物时，总是先考虑品类，然后再选择品牌。可以借助逆向思维方式来思考品牌定位策略，即进行品牌定位，就要先从品类入手。

当前市场上的同种类品牌中，有的品牌有着响当当的声誉，有的却是籍籍无名。

比如：烤鸭领域的全聚德、糕点领域的稻香村、果冻领域的喜之郎、可乐领域的可口可乐、凉茶领域的王老吉、奶茶领域的香飘飘等。这些品牌在品类中还没有代表的时候，就作为先行者，抢先做了品牌定位。品牌之间的竞争，首先是品类的竞争。抢先借助新品类进行品牌定位，是一种行之有效的方法。但这种抢先借助新品类进行品牌定位的方法，其实是对同品类中其他品牌的一种"封杀"。

以社交通信领域为例。在早期，微信作为一个全新的品类，已经在社交通信领域快速占领高地，即便后来也出现了很多同类品牌，如小米科技推出的米聊、网易和中国电信开发的易信等，均难以比肩微信，更难以撼动微信一家独大的地位。

那么，究竟应该如何借助开创新品类的方法来抢先做品牌定位呢？

（1）新技术

技术上的创新是开创新品类的直接手段。

技术创新是一种前所未有的全新技术的出现。借助技术创新进行品类创新，以此抢先定位，可以使品牌抢占市场第一的位置。

比如，"每一滴都经过足足二十七道严格工序"，这是乐百氏纯净水的一句广告词。乐百氏纯净水就是借助世界先进的高科技成果——"反渗透技术"，经过二十七道工序，打造高品质、易于人体细胞吸收利用的纯净水的。也正是因为这项全新技术，使得乐百氏在纯净水领域树立起了高品质的品牌形象。

（2）新趋势

不同的时代，消费者所追求的东西有所不同。以往，消费者注重的是高性价比，如今人们越来越多地关注环保、健康、天然、无污染等方面。所以，品牌可以利用从新趋势入手开创新品类的方法进行定位。

比如，相宜本草强调"本草养肤"的理念，将汉方本草和现代技术相结合打造护肤产品。相宜本草这一定位，就是抢占人们当下关注的天然、健康新趋势，开创新品类进行定位。

再如，立顿进行"袋包茶"的创新，抢占的是基于环保、健康的趋势开创新品类进行定位的。

（3）聚焦

聚焦也是一种抢占新品类进行品牌定位的方法。这种方法是将现有的品类进行收缩，直到可以成为行业第一为止，然后便可以抢占一个新的品类。

比如，必胜客作为餐饮领域的一员，其餐品多种多样，包括比萨、意大利风味饭、沙拉等。但必胜客聚焦的却是比萨，通过比萨抢占新品类的方式进行品牌定位。

再如，全棉时代是一家经营生活护理用品的企业。在做品牌定位时，全棉时代率先聚焦于开创全棉新品类，由此率先占领了该领域市场。

要点提示：

抢占新品类进行品牌定位的要点有三。

①能够补充空白市场

你的品类是以前市场上从来没有的，实现了0到1的突破。

②确实在品类中独一无二

越是独一无二的东西，人们越容易记住。

③符合消费者认知

抢占品类进行品牌定位，无论是什么新品类，都必须符合消费者的认知，否则就是自嗨。

2. 抢先抢占新特性

在当前市场发展中，企业之间的竞争已经将品牌作为核心竞争力。如果每家企业的品牌定位相同，毫无新意，就难以在众多品牌中脱颖而出。聪明的企业反而会避开与其他竞争对手直面竞争，选择占据另外一片新市场。

举个简单的例子。

在美国的卡茨基尔山脉中生活着很多狼群。为了更好地生存，狼群便分散开来，选择主动去适应环境。生活在山脚下的狼群，主要以牧民养殖的牛羊为生，它们普遍体型健硕、骨骼健壮；生活在海拔较高地区的狼群，主要以山林里的野生动物为食，为了方便在山林里捕猎，它们的体型在进化的过程中变得更小，更轻便。这足以证明，相同的物种，为了更好地在环境中生存，就必须作出相应的改变，以此来适应环境。

同样，品牌要想更好地生存，并在市场中占据一席之地，就要随着消费者不断变化的消费习惯和消费心理，第一时间作出相应的变化；或者说，在多元化的消费环境中，抢先走出新路子、作出新特性，从而打造出与众不同的品牌。因此，抢占新特性也是一种有效的品牌定位方法。

抢占新特性进行品牌定位，重点在于通过建立品牌差异，发展新特性，可以从以下两个方面入手。

（1）发散法

发散法，就是在别人已经有的特定品牌特性的基础上，抢先朝着其他方向挖掘差异化的特性，然后以此特性进行品牌定位。运用这种方法进行定位，可以有效避免与市场中强势的竞争对手形成正面冲突，还可以满足不同消费者的不同需求，从而开辟出一个新市场。

在农夫山泉诞生之前，饮用水市场中已经被娃哈哈、康师傅等品牌占据。农夫山泉为了在市场中能够挤出一片天，便用"农夫山泉有点甜""大自然的搬运工"这两个新特性抢占先机进行品牌定位。

一方面，一般的饮用水都是没有味道的，而农夫山泉却不走寻常路，用"有点甜"作为全新切入点，引发消费者的好奇心；另一方面，绝大多数水都是纯净水，而农夫山泉用"天然水"的新特性抢占先机。事实证明，农夫山泉基于这样的品牌定位战略，如今已经成为家喻户晓的品牌。

（2）两分法

两分法，就是在已有品牌定位的基础上，进行特性切割和细化，从而作为自己的特性优势抢先进行品牌定位，这个逻辑的核心是"不同大于更好"。

市场上的很多洗发水品牌都偏向于女性，如潘婷、巴黎欧莱雅等。但清扬却根据男女的不同头发状态入手，在大多数洗发水品牌特性的基础上，将洗发水明确切割和细化成男款、女款两种。这就是一种典型的切割差异打造的新特性。这种借助新特性抢占先机的品牌定位方式也为清扬拓宽了市场。

要点提示：

抢占新特性进行品牌定位有三个要点。

①有独特的特色

要想通过抢占新特色的方法为品牌定位，首先需要品牌有特色，这是抢占先机、进行品牌定位的前提。在市场中，竞争对手众多，如果你所抢占的点人人都有，不具备差异化特点，这样的品牌定位将难以取胜。

②能博得消费者的眼球

消费者在选购商品时，视觉感受很重要。如果你的品牌能在第一时间抓住消费者的眼球，给消费者带来良好的视觉体验，就可以很好地建立起你的品牌风格，并快速地在消费者心中树立起良好的品牌形象。

③做有效的差异化传达

如果你的品牌定位有明显的差异化特性，但受众不知道这种差异化，你的品牌也难以快速抢占市场。所以，要尽快建立自己的差异化传达，让受众第一时间知道你的品牌的差异化特性，进而可以通过品牌广告、名人代言等方式，让品牌的差异化特性快速在受众的记忆中固化下来。

3. 抢先推出新概念

概念定位就是在常见品牌的基础上，抢先借助一种全新概念去定位品牌，使品牌在市场中快速占据一个新位置，并打造一种全新的思维定式，赢得用户的认同。

很多品牌会借助新概念来进行品牌定位。

比如五谷道场。传统方便面都是油炸的，五谷道场以"非油炸"的全新概念进行定位，抢先占领市场。

再如红牛。一般的饮料品牌，只是从品位、口感上进行创新性定位。红牛则推出了"功能饮料"这一全新概念，不断向受众传递一种"困了、累了，喝红牛"的信息，是全球较早进入市场的功能饮料品牌之一。

要点提示：

抢占新概念，进行品牌定位需要掌握以下两个要点。

①概念要新

新事物往往能更好地激发人们的好奇心，去关注、了解、尝试并形成强效记忆。

②对受众有益

对受众有益的新概念，才能更好地吸引受众的眼球，从而使品牌快速地抢占市场，进而加深对品牌定位的记忆。

很多人会觉得，大品牌有雄厚的资金，有先进的技术，对于中小微企业来讲，抢先品牌定位已经没有机会了。现实却并非如此。

只要是新品类、新趋势、新概念，不论品牌大小，只要能抢先一步，都可以进行很好的定位。

另外，现实中的很多大品牌在新品类、新趋势、新概念方面存在意识不到的情况，也常常因为决策慢、反应慢而错失抢先的机会。

比如，诺基亚错失过智能手机，海信错失过变频空调，柯达错失过数码相机等。

总之，新品类、新趋势、新概念是在不断更新的，会给品牌带来很多抢先定位的机会。谁能够抢先定位，谁就能率先快速占领市场。

【案例分享】

高露洁借发散法进行品牌定位

最开始，人们用牙膏刷牙的目的是让口气清新，让牙齿洁白，给牙龈消炎止痛……于是，在牙膏领域，不同品牌都有各自的品牌定位。众多牙膏品牌的定位有的是清新口气，有的是洁白牙齿，有的是消炎止痛……

随着人们生活水平的不断提高，人们对牙齿防蛀的诉求越来越强烈。1992年，高露洁看到了这一市场需求，也发现市场中并没有哪个品牌抢占这个新品类。所以，高露洁就以"防止蛀牙"这个新品类去抢先为自己定位。

正如所期待的那样，高露洁凭借发散性思维，以"防止蛀牙"这一新特性赢得了广大消费者的青睐。多年来，高露洁也一直以"防止蛀牙"这四个字进行广告宣传。基于这一定位，高露洁快速成为牙膏市场专注防蛀的第一品牌，以至于人们一提到防蛀牙膏，第一时间就想到了高露洁。

案例点评

高露洁能够快速洞察市场需求，并快速反应，抢先占领"防止蛀牙"这一新特性，为自身在后期市场发展中铺平了道路，也由此在后期获得了超额回报。

高露洁的成功案例也证明，不论是什么行业的品牌，也不论企业的规模大小，资金是否雄厚，实力是否强大，如果能第一时间以新特性抢先进行定位，就能快速进入消费者心中，快速占领市场。这是品牌定位最核心的措施。就好比是圈地运动一样，在这块地皮还没有被占领的时候，谁抢占了这个资源，谁就赢得了持久的优势。

美团借两分法进行品牌定位

在美团进入电商领域以前，淘宝、京东等平台早已存在，而且在团购领域也有上千家竞争对手。美团为了跻身电商领域，为了更好地存活，便对电商领域各平台的特性进行细致分析。之后，美团发现，绝大多数竞争对手都是生活服务类电商，所以美团就将电商进行细化，选择本地生活服务作为自己的定位方向。

在服务类型上，竞争对手都是从实物电商入手，如手机、电脑、图书、服装等，这些都存在边际成本。绝大多数实物类电商平台的做法是先融资，再用融资进行用户补贴，用低价产品做大用户规模，然后再进行一轮融资。

美团的本地生活服务类电商定位就是以外卖、家政等上门服务为着手点，只提供纯粹的本地服务，边际成本较低。

如今，美团凭借这一品牌定位策略，聚集了海量用户，已经成为本地生活服务类电商中的佼佼者。

案例点评

美团在进行品牌定位时，两次使用了两分法：第一次，分出"本地"与"非本地"；第二次，分出"实物"与"非实物"。

美团的两分法策略背后体现的是其强烈的新特性竞争意识。这种定位方式一来可以避开淘宝、京东这样强大的竞争对手所在的领域，二来可以通过另辟蹊径的方式占领市场中的空白领地。这样在市场中可以心无旁骛地集中优势兵力，成功的概率会大很多，能够更好地赢得细分领域的用户。

第2计
针锋相对：标的对手，互争雄长

很多时候，市场中已有品牌做得风生水起。作为市场的后起者，你的品牌如果想要打破已有的市场格局，做全新定位，在夹缝中求得生存的机会，也不无可能。针锋相对，就是一个很好的品牌定位策略。

【计谋释义】

北宋时期的僧人、作家释道原，在其所著的《景德传灯录》的第二十五卷中有这样一句话："夫一切问答，如针锋相投，无纤毫参差相。"这句话主要是想告诉我们，在争辩或斗争中，可以针对对方的论点或行动进行有效回击。

针锋相对的品牌定位法，通过与竞争对手的客观比较来确定自己的定位，从而达到打击竞争对手的目的。

在同行业领域中，有同类品牌已经盘踞着"第一"或者"领导者"

的地位。其他品牌要想与之一较高下，看似是在以卵击石，但只要敢于借助针锋相对的策略，与"第一"或"领导者"唱反调，做好定位，就一定能走出自己的路子。

【运用要点】

"针锋相对"这一品牌定位战术，在运用的过程中，需要掌握以下技巧和要点。

1. 特性相对

特性相对的定位方法，就是品牌在定位的时候，在已有品牌定位的基础上，站在其特性的对立面进行定位，形成显著的差异。特性相对是最直接的一种针锋相对的品牌定位方法。

可乐领域有两大品牌：可口可乐和百事可乐。相较于百事可乐，可口可乐诞生更早，而且可口可乐以"经典"二字进行品牌定位，率先占领市场。作为后起之秀，百事可乐为了与可口可乐这样的强势品牌竞争，就将品牌特性定位于"年轻"，深受新生代消费者的喜爱。一个"经典"，具有历史韵味，深受年长消费者的喜爱；一个"年轻"，更具活力，深受很多年轻人的青睐。

要点提示：

在借助特性相对手段进行品牌定位时，要注意以下三点。

①须标的竞争对手

借助针锋相对的手段进行品牌定位，必须有一个能够对标的竞争对手。这个竞争对手，最好是行业规模最大、知名度最高的品牌。这样你与其针锋相对才有价值，才能让广大消费者立刻注意到你的品牌，感受到品牌的强大之处。

②与竞争对手特点形成鲜明的反差对比

每个品牌都有自己的特点，强大的竞争对手更具鲜明的特点。所以，针对这个竞争对手，你要与其形成鲜明的对比优势。

③受众人群存在两极分化

消费者并不是一个单一的群体，而是具有丰富性和多元化。在借助特性相对的手段进行品牌定位时，可以从不同且相对的人群中，将自身品牌与竞争对手区分开来。

2. 包装相对

很多品牌在包装方面都是追求时尚、年轻化，但有的品牌却将自身定位为复古风。这就是一种包装相对的品牌定位方式。

例如，气泡水领域有很多品牌，大多数品牌如Hamu果味气泡水、大象苏打气泡水、天地精华无糖气泡水等，其包装设计较为花哨。但元气森林却以简洁的包装设计呈现给广大消费者。在当前这个大众追求极简审美的时代，元气森林抓住了大众的审美需求，做到了独一无二的品牌定位。

要点提示：

在借助包装相对手段进行品牌定位时，要注意以下三点。

①要做到与众不同

包装设计一定要有创意，要彰显包装设计的独特性，要带一些艺术氛围，在色彩搭配上要有强烈的视觉冲击力。这样可以借助包装与众不同的艺术标签、独有的色彩识别体系等达到品牌定位的目的。有个性的包装可以让你的品牌快速脱颖而出。

②要符合大众审美

人是视觉动物，追求美是人的天性。人们对于美的感受，或者说审美反应，往往是通过感官知觉来了解的。消费者在选购商品时，首先受到的是视觉上的影响，之后才会进一步了解其功能、适用度。另外，人们对审美的要求越来越高，所以包装不但要颜值高、有内涵，而且要符合大众的审美倾向。

③要注意强化品牌特征

虽然市场上售卖的产品可能是相同的，但品牌一定是不同的。在进行包装设计的过程中，要重点强化品牌特征，如融入品牌标志才能让同行难以模仿，同时也便于消费者一眼就能从众多品牌中看到你的品牌。

【案例分享】

百雀羚巧用包装设计进行品牌定位

相信很多人都听说过甚至用过"百雀羚"这个老品牌。百雀羚成立于1931年，最初是以蓝边黄底白字进行包装设计，在老一辈人的脑海中留下了深刻的记忆。百雀羚可以说是历经90年风霜雨雪洗礼的中国老字号化妆品品牌。

但在一段时间内，以欧莱雅、玉兰油、资生堂等为代表的全新"面孔"进入国内市场，百雀羚被贴上了"老化"的标签，在行业大浪淘沙的竞争浪潮中，一度被淹没在潮底。

随着消费者审美能力的不断提升，审美诉求也发生了巨大变化。百雀羚洞察到了这一点，便开始在专注于修炼内功的同时，在外在包装上迈出了重要一步。

近几年，故宫元素成为深受广大年轻人喜爱的"网红"元素。百雀羚抓住了这一点，开始走宫廷复古风路线。

故宫，本身就是"美"的化身，故宫里的一瓦一砖、一亭廊一轩榭，无不蕴含着东方之美。百雀羚将故宫元素的古典美融入包装创新设计当中，在传承东方美的同时，也展现了自身品牌的独特韵味，给消费者带来良好的审美体验。由此，百雀羚给自己做了很好的品牌定位，成功做到了惊艳四方。

以百雀羚打造的雀鸟缠枝美什件为例。这套精美的"什件"中共包含了三件套，其中有借鉴铜镜设计的亮彩悦容霜，借鉴宫灯外形设计的百雀羚口红、借鉴宫柱造型设计的双头极细眉笔，以及采用雀鸟缠绕状将三者串联起来的挂扣。这个彩妆三件套，在实用的基础上，以"东方美"赋予了产品高颜值外观设计，满满的"故宫腔调"。这并不是元素的堆砌，而是站在现代人审美需求的立场上，打造的富有传统韵味的中国美。当消费者第一眼看到这样极具东方之美的包装时，就能快速识别出百雀羚这个品牌。

正是因为百雀羚给自己重新做了品牌定位，才使其在一度陷入发展低迷期之后能够重新焕发生机盎然的青春活力，更开启了东方美引领美妆领域美学的风潮。

案例点评

近几年，消费者的消费观不断升级，审美需求也在不断发生着变化。当下，很多品牌在追求时尚、前卫的品牌设计时，百雀羚却在夯实自身产品的同时，通过将东方美融入包装设计的细节里，体现艺术的传承，满足现代人的审美需求。通过这样的大胆创新，百雀羚找准了品牌定位方向。这是百雀羚用针锋相对计谋做品牌定位的成功之处。

第 3 计
依草附木：借势乘凉，做大做强

新品牌在做定位时，往往所处领域已经有了优秀的领导者，甚至这个领导者是整个领域的代表。此时，作为新品牌，要想成功进入这个领域并做成行业第一，光靠把产品做好是远远不够的。

当一个品牌已经在行业中形成了领导者地位，就意味着它已经具有非常强大的优势。同样的产品，你需要花很多成本去做营销，但行业领导者只需在现有用户中做一次推广就能获得很好的营销效果。

所以，对于新品牌来讲，给自己定位时，正面硬刚不见得就能取胜。最好的策略就是依草附木，借势乘凉，如此才能将自己的品牌做大做强。

【计谋释义】

东汉班固所著的《汉书·传·叙传下》中写道："颍阴商贩，曲周庸夫，攀龙附凤，并乘天衢。"这句话的主要意思是：灌婴这样贩卖丝绸的小商人和郦商这样很平庸的小官吏，因为他们跟随依附了刘邦，后来都干出了一番事业。

攀龙附凤本义是指投靠有权势的人，以获取富贵。本书所讲的"依草附木"的品牌策略与此作用相似。

依草附木的品牌定位法，是借助知名品牌的知名度、美誉度等来提升自有品牌的形象。

对于一个新成立的企业来讲，能够快速被市场所认可，并在市场中建立稳固的地位，这在很大程度上决定着企业未来的命运。作为一家新入市的企业，通常规模较小，要想被市场所接纳，往往需要经历一个漫长的时期。而且想要消费者接受一个全新的品牌，还需要借助相当高的推广成本。如果投入得太少，在市场中难以掀起一股浪潮，难以被受众注意到；如果投入得太多，则风险也会随之增加。

相比较而言，借助依草附木的方式进行品牌定位，依仗有声望品牌的社会认知度、权威性，可以影响人们的判断来获得行业较高的知名度，兵不血刃就可以后来者居上。所以说，依草附木可以让品牌在市场中一炮走红，不失为一种品牌定位的捷径。

【运用要点】

依草附木的品牌定位战略，能够帮助品牌快速树立声誉，为品牌快速定位占领市场带来更大的胜算。运用这种计策进行品牌定位的切入点有以下四种。

1. 合作

依草附木的第一种方法，就是通过与知名品牌合作来实现。这种方法巧妙"抱大腿"，可以将其高人气顺势导流给自己的品牌，从而达到有效提升自身品牌知名度、消除市场陌生感的效果。

阿维塔是一家致力于研发电动汽车的品牌，为了能够在市场中快速树立品牌声誉，便与长安汽车、华为、宁德时代合作，成功抱上了这三家行业领军品牌的大腿，将自身定位于高端智能电动汽车品牌，在市场中构建了核心竞争优势。

要点提示：

以与知名品牌合作的方式为自己的品牌定位，需要掌握以下两个要点。

①寻找与自身具有相同特征的品牌合作

一个新品牌能够快速在众多竞争者中被人们发现，关键需要创建认知。选择恰当的合作对象尤为重要。与相同特征的品牌合作，可以充分体现品牌的独特个性，可以让用户因为认识和了解行业知名品牌而更快、更好地了解和认知你的品牌，有利于品牌定位的快速落地。

②寻找与自身相关的知名品牌合作

"抱大腿"，除了寻找与自身具有相同特征的品牌合作之外，与自身相关的知名品牌合作也是不错的选择。这些品牌可以是上下游产业链品牌，可以是与自身品牌调性相同的品牌。总之，能够构建"亲戚关系"的合作伙伴、有助于自身品牌定位的合作伙伴，都是好伙伴。

2."老二主义"

跟随，是依草附木定位计谋的另一个策略。这种方法就是明确承认当前市场中的第一品牌，并将自己定位于市场第二。这种策略会使人们对你的企业产生一种谦虚诚恳的好印象，从而对你的品牌产生更强的信赖感，有助于消费者进一步记住你的品牌。

美国艾维斯出租汽车公司通过"我们是第二，我们要进一步努力"的定位方式，承认自己第二。凭借这一定位，艾维斯在市场中的份额得到了迅速提升，而且拉大了与行业第三名之间的距离。

要点提示：

以"老二主义"方式为自己的品牌定位，需要抓住以下两个要点。

①甘居第二

要勇于承认行业中的龙头品牌，还要有甘居第二的心态。

②表明要继续努力

既然有不足之处，就要用自身努力来弥补不足。这样可以让用户更好地看到品牌的真诚，增加用户对品牌的认可度。

3.入群

如果企业品牌不能成为行业第一或第二，就可以选择入群策略。入群可以有效强调自己是高级群体中的一员，借助群体的名气，为自身品牌提升高级感，提升自己在市场中的地位。

美国克莱斯勒给自己的定位是"美国三大汽车之一"。这一定位使得消费者认为克莱斯勒与第一的GE、第二的福特一样齐名，都是最好的汽车品牌。

要点提示：

以入群方式为自己的品牌定位，需要掌握一个要点，即选对圈子。

选择比努力更重要。选对加入的圈子，可以让你的品牌借助市场领先品牌的光辉形象来提升自己的市场地位。

4. 跟随

俗话说："跟着成功的人，才是最快的成长方式。"跟随是一种非常精明的依草附木品牌定位计谋。当你成为知名品牌的跟随者，就会因为知名品牌的知名度而提升自身品牌的认知度和美誉度。

内蒙古最有名的白酒，当属河套王。河套王自称是"草原茅台"，成为茅台酒的跟随者。也凭借这一定位，河套王"吊打"了内蒙古所有同类白酒品牌，几乎没有一款白酒是它的对手。

要点提示：

以跟随知名品牌的方式为自己的品牌定位需要注意以下两点。

①选择与自身具有相同特征的知名品牌去追随

追随的目的是让自己的品牌知名度能够快速打入市场，让更多的用户快速认识你的品牌。

②跟进过程中要合理管控

跟进只是一种策略，不是目的。跟进就是为了做好品牌定位，进而达到一举超越的目的。但在跟随的过程中要做好合理管控，否则与虎随行，很可能被虎吞噬。

三星就是一个品牌定位的跟随高手。在模拟技术时代，三星跟随在以索尼为代表的品牌身后，亦步亦趋。在数字技术时代，三星凭借自己的创新精神，抓住了先机，成为数字时代的先行者品牌。在智能手机时代，三星又成为苹果的追随者，还在2012年成功超越苹果，成为当时智能手机市场的第一品牌。

【案例分享】

宝立食品依草附木做品牌定位

上海宝立食品科技股份有限公司（以下简称"宝立食品"）创立于2001年，是一家深耕食品调配料研发、生产以及技术服务的公司。为了提升自身在市场中的品牌地位，宝立食品在2008年就与肯德基合作，成为肯德基中国运营商的直接供应商。此后，宝立食品还与麦当劳、星巴克等知名餐饮企业建立了合作关系。近几年，餐饮行业中的网红品牌，如呷哺呷哺等也成为宝立食品的合作伙伴。

在寻求众多知名餐饮品牌合作之后，宝立食品被更多的消费者所熟知，成为国内一线复合食品调味料企业。

案例点评

宝立食品的聪明之处在于，寻找与自己相关的产业链上下游知名餐饮企业作为自己的合作伙伴。这样做，一方面将知名品牌作为自己的"跳板"，通过众多知名餐饮企业的知名度为自身资源优势和业务赋能，有效提升了自己在行业中的知名度；另一方面与知名品牌建立相应的业务联系，进行有效捆绑，使自身能站在较高的起跑线上，迅速被市场认可。

第4计

衡短论长：客观对比，比出优势

没有对比就没有高低。消费者在购买时，首先对比的是品牌优势，然后对比的是产品优势。所以，在做品牌定位时，站在客观的角度，从优势对比的角度入手不失为一种良策。

【计谋释义】

清代史学家章学诚在其所著的《文史通义·申郑》中写道："末学肤受，本无定事物的优劣。而抑扬其间，妄相拟议，遂与比类纂辑之业同年而语，而衡短论长，岑楼寸木且有不敌之势也，岂不诬哉？"其中的"衡短论长"的意思是比较、评定事物的优劣。

衡短论长的品牌定位法，是通过与企业竞争对手的客观比较来确定自身的定位。这种品牌定位方式，是通过设法改变竞争对手在消费者心目中已有的形象，找出其缺点或弱点，并用自己的品牌进行比较，从而确立自己的品牌定位。

同行业市场中的品牌成百上千，企业通过与竞争对手品牌做细致的比较，改变其在消费者心中的形象，是让自己的品牌在消费者心中占有一席之地的有效方法。

需要注意的是，针锋相对和量长较短这两种计谋是有所不同的。前者主要是通过品牌特性的比较形成鲜明的感受，以此来进行品牌定位。后者是通过品牌之间强弱势的比较，将竞争对手的弱势作为自己品牌的强势进行品牌定位。

【运用要点】

量长较短品牌定位策略在具体运用过程中可以从以下两个方面入手。

1. 直接优势比较

直接优势比较定位，即在进行品牌定位的时候，要与竞争对手进行明确的弱势和优势对比，要做到"人无我有，人有我优，人优我特"，从而与竞争对手进行有效对抗。这样你的品牌定位才能做到最好。

在二手车市场，最早出现的优信、人人车已经成为二手车的代名词。作为后起品牌的瓜子二手车，以一句"瓜子二手车直卖网，没有中间商赚差价"的广告词，对自己进行定位。

其中，"直卖网"与传统二手车交易商的线下交易形成鲜明对比，使得传统线下二手车交易商的弱势被凸显出来，同时也放大了自身C2C

模式的优势。另外，"没有中间商"与竞争对手的"赚差价"形成鲜明的对比。显然，这是一个"人无我有"的优势对比。

要点提示：

在借助直接优势比较的手段进行品牌定位时，需要掌握以下两个要点。

①标的竞争对手

进行优势比较的时候，同样需要标的竞争对手。只有明确自己的竞争对手，才能知己知彼，百战不殆。

②明确并展现自身优势

通过与竞争对手进行优势比较，可以让消费者从对比内容中更好地了解你的品牌，认识品牌中蕴含的价值。

2. 间接优势比较

间接优势比较，即找到竞争对手所隐藏的弱势，并将其作为自己的品牌优势定位点。这种定位方式就是攻其不可守，可以让竞争对手无法反击。

比如，饮用水领域的绝大多数品牌都是纯净水，这类产品往往在经过多项技术和工序处理加工之后，使得水中的微生物和矿物质都被处理掉了。农夫山泉则通过一句"我们不生产水，我们只是大自然的搬运工"，进行间接优势对比，强调了自身优势，强调了其材料是来自江河、海洋、冰川、湖泊等天然饮用水的定位，让用户更加直观地感受到农夫山泉既除去了原水中的有害物质，又保存了原水中对人体有益的营养成分、矿物质和微量元素。这样的品牌定位，通过间接优势比较，与其他非天然饮用水相比，突出了其鲜明的个性化特点。

再如，牛奶领域的竞争品牌有很多，蒙牛特仑苏则用一句话"不是所有牛奶都叫特仑苏"，将自身定位于"奶中贵族"。这种间接比较的口号，既霸气又低调，给消费者留下了十分深刻的印象。

要点提示：

在借助间接优势比较的手段进行品牌定位时，需要明确以下两个要点。

①找准品牌暗藏的弱势

间接优势比较的前提是要找到竞争对手暗藏的弱势。这个品牌最好是行业老大，因为行业老大的知名度较高，与它进行优势比较，可以借助它的势能快速提升消费者对自己品牌的认知。

②推出并强调自己的品牌优势

在挖掘到竞争对手暗藏的弱势之后，就可以将这个弱势作为自己品牌的优势进行强调和突出。

【案例分享】

丰田凌志的衡短论长品牌定位策略

丰田公司旗下打造的一款凌志汽车，为了更好地突出其高品质低价格的品牌定位，在宣传该车时，通过这样一则广告向广大消费者更好地宣传了其品牌定位方向。

这则广告的内容如下：

一位工程师分别将一杯水放在奔驰和凌志汽车的发动机盖上。当汽车启动并出发时，奔驰汽车上的那杯水开始晃动起来，而凌志汽车上的那杯水却"稳如泰山"，没有掀起一丝波澜。这样的对比，无疑很好地凸显了凌志汽车的高品质品牌定位，为凌志汽车提高了声誉，获得了广大消费者的认可，使得品牌定位获得了很好的落地效果。

案例点评

丰田凌志汽车使用最为直接的优势比较方式，将自己品牌的强势与竞争对手的弱势形成鲜明的反差，并将这一反差一目了然地呈现给消费者，在突出强调丰田旗下凌志汽车"稳如泰山"定位的同时，也让消费者对丰田有了更好的品牌印象。

第 5 计
攻心为上：抢占心智，攻城略地

在当前这个"信息爆炸"的时代，充斥着各种各样的信息。由于当今信息太多太滥，所以会使得信息的发出者和接受者之间的沟通出现障碍。另外，消费者在购买商品时，会优先选择该类商品中最具代表性的品牌。比如，购买创可贴，会优先选择邦迪；购买口香糖，会优先选择绿箭。

因此，信息发出者必须要寻找一条有效的捷径，成功、快速地将信息传递给接受者，这是品牌定位的一个关键。

心智资源是一个品牌的第一资源，是其他所有资源存在的基础。品牌如果失去心智资源，就意味着失去了用户。所以，品牌定位，攻心为上。

【计谋释义】

西晋时期陈寿在《三国志》中有这样一句话:"夫用兵之道,攻心为上,攻城为下;心战为上,兵战为下。"这句话的大概意思是:作战用兵,进行心理上的攻击,从心理上瓦解敌人,使对手投降是上策,用武力强攻城池来征服对手是下策;以攻心战为目标才是上策,以武力取胜却是下策。

商场如战场。做品牌定位,"攻心为上"同样适用。优秀的品牌十分注重关心用户的心智。因为它们明白,品牌定位的真谛就是"攻心为上",也更懂得人的心智往往是海量信息传播的"防御系统",会屏蔽掉和筛选掉很多无效信息,但与此同时稳固的心智只会接受和认知那些与人们经验相匹配的信息。

征服消费者的内心是品牌定位的终极目标。品牌定位的本质其实就是影响用户心智中已经存在的认知,去重组已经存在的关联认知,打开用户的联想之门,提高品牌在用户心中的期望值,使得品牌在用户心目中占据有利的位置。这样,当用户想要购买某种产品时,第一个想到的就是已经在心中牢牢印下烙印的那个品牌。

【运用要点】

品牌定位,攻心为上。那么,如何攻取用户的心智呢?

1. 感官根植

人们在感知和认识一个事物时，往往最直观的方式就是通过视觉、听觉、嗅觉、味觉和触觉来实现。品牌通过感官根植的方式从根本上抢占用户心智之时，就是品牌定位成功根植于用户心智之时。

传统的瓶装水只是普通的饮用水，并没有任何味道。农夫山泉则推出了"农夫山泉有点甜"的广告，这句话引起了广大消费者的普遍关注。我们也能从这句广告词中感受到农夫山泉清晰的品牌定位，用"有点甜"来做品牌区分，占据消费者的心智资源。

要点提示：

在通过感官根植策略进行品牌定位时，需要掌握以下两个要点。

①牢抓用户心智点

人们在购买苹果时，往往会选择味道更甜、汁水更多的苹果，而人们的第一反应就是选择烟台苹果、栖霞苹果。因此，做品牌定位首先要进入用户的心智，抓住用户的心智点。

②抢占品牌决策点

在牢抓用户心智点之后，品牌接下来要做的就是做品牌定位策划，通过视觉、听觉、嗅觉、味觉和触觉点燃用户对品牌认知的热情，使得用户由此更好地了解品牌价值和优势，进一步唤醒用户心智，使用户爱上品牌。

2. 直击心智

最简单、最直接的方法往往最有效。抢占用户心智，用最直接的方式往往效果最佳。

比如，清扬的"清扬，无屑可击"，有效帮助用户解决头屑烦恼；霸王洗发水的"防脱发，用霸王"，帮助用户解决脱发问题等。

要点提示：

在通过直击心智的策略进行品牌定位时，需要掌握以下两个要点。

①直击核心消费认知

不同的用户，心智往往有所不同。但品牌做定位并不是需要全方位抢占用户心智，只需要抓住消费者的核心消费认知，或者说直击用户的消费痛点即可。

②战略性聚焦

在抓住消费者的核心消费认知或消费痛点后，只要针对这两个方面进行适当牵引或指导，即可让用户更好地关注到品牌中所蕴含的高价值。这就是战略性聚焦。战略性聚焦对品牌抢占用户心智大有裨益。

【案例分享】

王老吉的攻心为上品牌定位策略

在我国的广东、广西等地,凉茶十分流行。凉茶是一种由中草药煎制的具有清热祛湿功能的"药茶"。

王老吉凉茶起源于清朝道光年间(1828年),距今已经有190多年的历史,是公认的凉茶鼻祖。

随着不断地发展,王老吉品牌想要进一步扩大企业规模,将王老吉由地方性品牌拓展为全国性品牌。然而,此时的王老吉面临以下三个问题。

第一,广东等地的消费者将王老吉当作"药茶",而非饮料。如果只把品牌定位于"药茶",则限定了饮用场合,难以很好地拓展品牌。

第二,除广东、广西外,消费者对于凉茶的认知较少,难以推广。

第三,王老吉用"健康家庭,永远相伴"的广告语进行推广宣传,没有很好地体现王老吉独有的品牌价值。

由于这些问题,王老吉一直不温不火地经营着,固守一方。

2002年,为了解决这些问题,王老吉决定重新进行品牌定位。

在重新做品牌定位之前,王老吉对消费者认知和购买动机进行了全面了解和分析,发现很多消费者喜欢吃火锅、烧烤、油炸等食物,但这类食物往往会引起上火,进而不得不吃降火药。他们更希望有一种产品能够在他们吃此类食物的时候就能有效预防上火。此外,王老吉还发现当时市面上销售的饮料品牌,绝大多数是碳酸饮料、果汁饮料等,还没有预防上火的饮料。

针对消费者的核心消费认知以及市场空白的现状，王老吉决定以"预防上火"作为全新的品牌定位方向，有效解决用户"怕上火"的困扰。于是，王老吉用一句"怕上火，喝王老吉"的广告语为自己的品牌做推广。

此后，王老吉凭借新的品牌定位抢占了用户心智，在市场中如鱼得水，成功实现了品牌由地方向全国的拓展，其销量也节节高升，销售网络遍及全国多个省、自治区、直辖市，并销往东南亚、欧美等地。

案例点评

凭借"预防上火"这一定位，王老吉切换了赛道，深深占领了用户心智。也凭借这一定位，使得"怕上火，喝王老吉"中的一个"怕"字，让王老吉能够符合消费者利益需求的核心差异化诉求点，巧妙地将用户的现实需求转移到心理需求上。一方面，人们在享受美食带来的口腹乐趣；另一方面，又担心高油高盐油炸食品等会引起身体上火，而王老吉"预防上火"的这一定位，恰恰满足的是用户的心理需求。它的成功之处在于，向人们提供了一种心理暗示：喝王老吉，可以放开吃、放心吃，不用担心上火问题。

王老吉借助攻心为上的品牌定位策略在市场中赢得了竞争优势，更让其一路崛起。可以说，王老吉是借助攻心为上的策略为自己重新做品牌定位而获得成功的典型代表。

第6计
追本溯源：名标青史，信而有征

世界上没有无源之水、无本之木，也没有品牌可以凭空做大做强。仔细探究就会发现，每一个品牌的发迹和崛起都有它的历史。

消费者在选购品牌产品时，往往会直指品牌的发展历程。一个历史含糊不清的品牌或一个新上线、没有过人之处的品牌，往往难以引起消费者的关注。而那些具有一定历史年代感，被烙上历史烙印的民族品牌却深受广大消费者的青睐，因为他们认为能够历经历史变迁和洗礼，经得住考验存活下来的品牌，一定有值得信赖的优势。

所以，追本溯源，挖掘品牌历史，借助历史进行品牌定位，也不失为一种有效的品牌定位手段。

【计谋释义】

宋代周密的《齐东野语·道学》中有一句话："其能发明先贤旨意，

溯流徂源，论著讲介卓然自为一家者，惟广汉张氏敬夫、东莱吕氏伯恭、新安朱氏元晦而已。"意思是，那些能够阐发先贤的旨意，追根溯源，论述讲解介绍卓越自成一家的（人），只有广汉人张敬夫、东莱人吕伯恭（吕祖谦）、新安人朱元晦（朱熹）而已。

很多品牌都有自己的历史。越是历久弥坚的品牌，越受到消费者的青睐。品牌悠久的历史往往能帮助品牌建立良好的品牌识别度。消费者往往认为能够历经时间冲刷和洗礼而存活下来的品牌一定有很强的竞争优势。这样的品牌能够让消费者产生更强的信任感，再借助悠久深远的历史进行品牌定位，有理有据，往往更具说服力。

【运用要点】

品牌借助追本溯源策略进行品牌定位，有以下两种操作方法。

1. 自己描述品牌历史

展现品牌历史的最常用方法就是自己描述品牌历史。这也是很多品牌广为采用的一种方式。在自己描述品牌历史的过程中，可以采用向受众讲述品牌创业历史或者讲述品牌传奇的方式来演绎。

每个品牌都有自己的发展历程。如果你的品牌已经诞生多年，可以通过描述品牌的发展史或用相关数据归纳展现品牌现有成果，这样会使你的品牌描述更加有理有据，更具真实性。

云南香格里拉酒业公司旗下推出了"香格里拉·藏密"品牌。近些年，该品牌在干酒领域发展节节攀升，这与其深挖品牌历史，并以此进行定位是分不开的。"香格里拉·藏密"有一句话："来自天籁，始于1848年，跨越三个世纪，傲然独立。"从悠久历史的角度进行品牌定位，给受众渲染出一种凝重且有历史品位的感觉，让受众对品牌充满向往，也由此记住了这个干酒品牌。

要点提示：

在通过自己描述品牌历史进行品牌定位时，需要掌握哪些要点呢？

第一，历史越悠久越好

挖掘的品牌历史越悠久，人们对品牌的信任度就越高，越容易记住你的品牌。尤其是酒类品牌，历史越悠久，意味着酒的品质越优良，酿出来的酒越香醇。"千年老窖万年糟，酒好全凭窖池老"，说的正是这个道理。

第二，最好有历史纪念意义

历史悠久是一方面，如果品牌还有一定的历史纪念意义，则在历史的见证下给品牌定位锦上添花，更具说服力。

第三，数据越具体越好

比起抽象的形容词，具体的数据会让表达更具说服力。而且数据越具体说服力越强，越容易让人信服。

2. 第三方收录的品牌信息

如果说自己描述品牌历史有"老王卖瓜，自卖自夸"的意味，那么将第三方机构收录的品牌信息拿出来进行品牌定位更具客观性，更容易实现信而有征。

泸州老窖是我国知名白酒品牌，该品牌就是借助自己源远流长的历史来定位的。

泸州老窖始创于明朝万历年间（即公元1573年）的"国宝窖池"，是我国建造最早、持续使用时间最长、保护最完整的国宝窖池。该窖池是在明清36家古老酿酒作坊群的基础上发展起来的，是享誉海内外的百年老字号名酒品牌。2006年入围首批"中国世界文化遗产预备名单"，2013年核定为"全国重点文物保护单位"。

让泸州老窖誉满天下的就是它的悠久历史。也正是因为泸州老窖借助这些由第三方机构载入史册的"国家级非物质文化遗产名录""全国重点文物保护单位"的殊荣，使其成为众多白酒品牌中的百年老字号品牌。

要点提示：

在通过第三方收录的品牌信息进行品牌定位时，需要注意第三方机构必须具有权威性。

如果没有公正性、规范性、权威性可言，信而有征就无从谈起。尤其是国家机构，对于一件事情的判定具有硬性要求，能够满足要求、被国家所认可的品牌历史，对于品牌借助历史定位的重要性不言而喻，可以说是为品牌定位锦上添花。所以，在借助第三方收录的品牌信息进行品牌定位时，一定要确保第三方机构的权威性。权威性越强，品牌的传奇历史才越让人信服。

【案例分享】

古井贡酒凭借历史出圈

古井贡酒产于安徽省亳州古井酒厂，是我国的历史名酒。

之所以被誉为"历史名酒"，是因为古井贡酒在历史上已经有1 800多年的历史。

据有关历史资料考证，古井贡酒始建于建安元年（公元196年）。亳州古称"谯县"，是魏武帝曹操的故乡。而据相关史料记载，当时，丞相曹操向汉献帝上书说，亳州是产好酒的地方，并将家乡亳州特产"九酝春酒"以及酿酒方法"九酝酒法"献给了汉献帝。从此，该酒便成为历代皇室贡品。可见，在东汉时期，亳州好酒已经闻名于世。而酿古井贡酒用水的井，位于亳州西北20千米的减店集。这里的井水甘甜，被人们发现后，就用此井水酿酒。酿出的美酒香馨醇厚，回味无穷。

从有历史记载以来至今，人们一直在用这口古井中的水酿酒。"古井酒"也就因为该井水所酿出的美酒而声名远扬。

后来，从明万历年间开始，该酒被列为进献皇室专用的贡品，故又得名"古井贡酒"。

如今，古井贡酒作为皇家御用酒，已经面向国内外大众消费者。它的悠久历史深入人心，深受消费者的喜爱。

案例点评

一个品牌的历史和传承很重要，古井贡酒的千年血统让其实现了迅速出圈。一直以来，很多品牌一诞生，便以"国民酒"的市场定位跻身白酒领域。古井贡酒凭借追本溯源的方法做品牌定位，这样做的好处有以下两点：

一是使得品牌有迹可循、有史可稽，能够更好地取得消费者的信赖和青睐，快速打开市场；

二是不会与既有品牌"打架"，因为古井贡酒通过借助历史记载让自己名标青史，同时还借此强调古井贡酒在古代是皇家御用酒，因此其定位走的是"高端"路线，为自己贴上了价值标签。

可以说，古井贡酒是借历史定位而出圈的样本。

第 7 计
有求必应：依附需求，赢得认同

无论什么品牌，最终的服务对象都是目标消费群体。所以说，品牌为了获得长远的发展和长久的未来，做定位从根本上说是做目标消费群体定位。

以往，品牌根据消费群体定位，往往会按照年龄结构去划分。但按消费者的年龄结构去做品牌定位，往往存在消费群体叠加和不断变化的问题。

之后，品牌根据消费群体进行定位，侧重于根据消费者的消费水平进行划分，将品牌进行高、中、低端定位。随着人们生活水平的不断提高，这种品牌定位方式显然也不适用了。

如今，消费者的消费需求在变化中不断升级，品牌只有以消费者需求为主导，迎合消费者需求特点进行定位，才能更好地赢得消费群体的价值认同。对于消费者需求，做到有求必应，以此做品牌定位，应该不会过时。

【计谋释义】

清朝霁园主人所写的《夜谭随录·崔秀才》中，有句话："往日良朋密友，有求必应。"意思是：往日关系亲密的好友，只要有需求，就一定会答应。

众所周知，消费者需求会影响消费者的购买行为。消费者在消费时，通常会从服务、产品品质和价值需求等方面产生消费欲望。所以，品牌需要用自己的资源和能力支撑并满足消费者的价值需求。

换句话说，就是品牌需要明确消费者群体的需求，将自己的定位以满足消费者需求为基准，以此将品牌与消费者结合起来，有利于赢得目标消费者的认可，有助于增进消费者的归属感，使自身品牌在消费者心中获得有利地位，使消费者对品牌产生一种"我自己的品牌"的感觉。

【运用要点】

品牌借助有求必应策略进行品牌定位，具体操作方法有如下三步。

1. 确定目标群体

确定目标群体是品牌有求必应定位的第一步。这一步简单来说就是对目标群体进行画像，然后根据已经划分好的用户群体，再结合品牌自己的战略意图，对目标客户进行取舍。要明确谁会买你的产品，谁会成为品牌的核心消费人群。具体确定目标群体的方法可以从以下三个方面入手：

（1）人口特征，如年龄、性别等；

（2）社会特征，如收入、职业、家庭角色、生活方式等；

（3）性格特征，如创新个性型（勇于尝试）、易感流行型（敏感，容易被时尚所吸引）、舆论主宰型（容易受舆论所影响）、简洁务实型（注重性价比，不为时潮所动）。

要点提示：

确定目标群体时，需要注意以下两点。

①找到品牌的核心目标群体

市场中的消费者有很多，但受到年龄、性别、教育程度、价值观、消费喜好等的影响，并不是所有的消费者都是品牌的目标消费群体。

举个简单的例子。以白酒市场为例，同样是白酒消费者，不同的人消费动机也不尽相同。有的人喝酒是为了庆祝一些快乐的日子，有的人是为了社交增进情谊，有的人是为了谈生意，有的人是为了彰显自我个性。

所以，虽然消费者的消费行为相同，但其背后却包含了多种消费需求及习惯上有很大区别的群体。因此，在这些群体中找出某个特定的、核心的目标消费群体很有必要。品牌想要所有的消费群体"通吃"，从实质上看是不成立的。这样的做法也就不存在品牌定位了，很可能到最后哪个群体的消费者都没得到。

②目标群体划分得越精准越好

目标群体定位越精准，品牌定位的信息才会越精准、清晰、高效，才更具持续传播定位信息的能力。

2. 研究目标群体的心理和价值定位

知己知彼，才能百战不殆。在确定好目标群体之后，接下来要做的就是研究目标群体的心理。消费者在选择品牌时，会有很强的选择权。我们需要知道的是，消费者的选择是由什么决定的。也就是要明确消费者选择品牌的心理和价值定位。

研究目标群体的心理和价值定位，我们可以采用价值树的分析方法。在价值树上，我们会看到不同的路径。每一条路径代表了品牌自己存在的理由以及说服消费者的不同逻辑思维线路。不同的路径对消费者的说服力大小有所不同。而说服力大小不同，所反映的又是品牌存在的理由或品牌价值的大小不同。

在研究过程中，我们会发现，有的价值点在不同消费群体中是比较稳定的，这样的价值可以称为恒定价值，有的价值则在不同消费群体中所处的位置有很大的区别，而且处于快速变动的状态。

恒定价值往往是消费者注重的核心价值。

要点提示：

研究目标群体的心理和价值定位时，一定要挖掘消费者关注的核心价值。

不同的消费者，会有不同的价值认同。如果兼顾所有消费者的价值需求，会使品牌失去独有的价值特点，最终变成没有价值特点的品牌。

3. 确定品牌的定位符号

确定目标群体的核心价值定位并不意味着品牌定位工作的结束。如果你的品牌定位直接向消费者展示品牌的核心价值，则消费者难以很好地理解。此时就要将这些抽象的核心价值用语言、图画、色彩等进行符号化，以此来呈现吻合目标消费群体的价值需求，得到目标消费群体的认同。

要点提示：

确定品牌的定位符号时，需要保证符号与品牌核心价值定位相符。

对于抽象的事务，人们理解起来往往比较困难，甚至会出现偏差，但符号则不同。符号更加具体化，让受众一目了然，使得你的品牌在一众竞争对手当中能够快速脱颖而出。然而，用具象的符号去体现抽象的价值定位，还要注重符号与品牌核心价值定位的相符性。

比如，红色体现的是热情，飘逸的线条体现的是浪漫、灵动等。

再如，使用语言进行详细描述和阐释，更容易让受众感知到品牌所蕴含的价值。

当目标消费群体感知到品牌核心价值之后，其神经就会被触动，进而产生一种强烈的归属感，记住并认定你的品牌。

【案例分享】

江小白有求必应的品牌定位策略

在我国白酒领域，已经有诸多领军者占领了市场。面对行业中的众多老品牌，江小白进入市场似乎毫无优势。但江小白作为后起之秀，却能够在白酒领域异军突起，强势占领市场份额，其成功之处就在于其在做品牌定位的时候，能够抓住目标消费群体的价值需求，并能对他们的需求做到有求必应。

饮酒是中国人几千年来传承下来的习惯。市场中有很多知名白酒品牌以白酒的历史文化作为诉求点，将高端、大气、显赫作为品牌的定位点。这些品牌深受老一辈消费群体的喜爱。

现在，很多年轻人追逐的是简单的生活、快乐的工作、轻松的社交。越来越多的年轻人更加喜欢青春时尚、有活力、彰显个性的生活态度。在选择品牌产品时，他们也向这方面靠拢。显然，这已经成为当代年轻人消费的价值诉求。

江小白为了避开与老牌白酒的竞争，选择年轻消费人群作为自己的目标消费群体。在做了目标消费人群定位之后，还对当下年轻消费人群有了更加深入的了解，洞察到了他们的价值需求，并进行了创新性尝试，改变了传统白酒过于死板的特点，引发了白酒领域传统与时尚的碰撞，从而将自身品牌定位于青春、简单，而这正是符合了现代年轻人的生活态度和追求。

为了更好地彰显自己的品牌定位，江小白还在自己的产品包装上下了一番功夫。

首先，江小白将外包装简单化。

之后，江小白凭借对消费者情绪和价值需求的挖掘，再用各种优质的文案直达人心。

比如：

"我把所有人都喝趴下，就为和你说句悄悄话。"

"我在杯子里看见你的容颜，却已是匆匆那年。"

"已经到了儿时羡慕的年纪，却没能成为儿时羡慕的人。"

"我怀念的不是酒，而是散落天涯的老友。"

通过简单的包装和这样的语言符号，江小白更好地突出了自己的品牌价值，很好地迎合了目标消费群体的心声。这也正是江小白快速在白酒领域崛起的秘密。

案例点评

一个品牌，除了满足消费者的物质需求、物理功能需求，更重要的是注重消费者内心世界的表达。江小白在品牌定位上做到有求必应，不但满足了目标消费者的物质需求，还迎合了目标消费群体追逐"简单"的价值主张，更重要的是将自己设定为一个目标消费群体知己的角色，替目标消费群体说出了一些他们不便明说的话。这样，目标消费群体在选择江小白时，就像在选择自己的知己一样，产生了更加强烈的归属感，也会因此而深深地爱上江小白这个品牌。

第 8 计

潜移默化：弘扬精神，载入文化

消费者在选择一个品牌时，不仅仅考虑品牌产品对自己物质需求的满足，也是对品牌文化的一种消费。

从更深层次上来讲，品牌本身是对人们情感诉求的一种表达，它满足的除了人们的物质需求之外，还有人们的精神需求、社会认同等。从这一点来看，品牌应当充分重视品牌文化的重要性，并将品牌文化很好地植入用户心中，以此来确定自己的品牌的独特之处和竞争优势。

【计谋释义】

北齐文学家颜之推在其所著的《颜氏家训·慕贤》中写道："人在少年，神情未定，所与款狎，熏渍陶染，言笑举动，无心于学，潜移暗化，自然似之。"意思是，人在少年时期，思想情操尚未定型，受到与他亲近的朋友的熏陶感染，言谈举止，即使并不是有意向对方学习，也会使他们的思想、性格和习惯等在不知不觉中受到外界影响而逐渐发生变化，自然而然地相似起来。这足见潜移默化的力量。潜移默化也可以用来做品牌定位。

很多品牌都有自己的文化底蕴，越是文化底蕴深厚的品牌，越受到消费者的青睐。因为，文化维度是民族品牌内涵的重要组成部分，那些文化沉淀深厚的品牌已经在广大受众心中牢牢扎根，并在不知不觉中影响人们对它的认知，进而使得人们慢慢爱上这样的品牌。

品牌文化包含了价值内涵和情感内涵两部分，具体而言，就是品牌所凝练的价值观念、生活态度、审美情趣、个人修养、时尚品位、情感诉求等精神象征。品牌文化所涵盖的这些内容可以营造一种完美境界，可以满足人们心灵的慰藉和精神寄托，让消费者的心灵深处形成一种潜在的认同感和眷恋感，由此使得消费者钟情于品牌。

作为消费者，在情感认知上往往会将具有深厚文化底蕴的品牌与民族品牌之间建立强效的关联，他们更加愿意支持和选择具有深厚文化底蕴或与时代共同成长的品牌。这样的品牌更容易被赋予一种情感，并使消费者在精神上高度认同品牌，创造品牌信仰，最终形成强烈的品牌忠诚，愿意与品牌所代表的文化共沉浮。这就是品牌文化的魅力。

所以，借助民族文化、弘扬民族精神，对受众进行潜移默化的影响，不失为一种明智的品牌定位策略。

【运用要点】

品牌借助潜移默化策略进行品牌定位的操作方法有如下三种。

1. 体现品牌文化核心价值

品牌文化突出的是品牌的内涵，具有深刻而丰富的文化内涵可以有效建立鲜明的品牌定位。品牌文化是连接品牌与消费者的桥梁，借助这种强大的沟通渠道，一方面可以使消费者对品牌形成高度精神认同，最终形成强大的品牌忠诚度；另一方面可以有效提升品牌的品位，使品牌形象更具特色。这也是品牌在日后赢得稳定市场的前提和保障。

但品牌借助文化进行品牌定位，一定要抓住品牌文化的核心价值，并很好地在受众面前体现出来，才能让受众更好地感知你的品牌品位。这也是让消费者有效识别并对品牌形成有效记忆，驱动消费者爱上品牌的主要力量。

如何体现品牌文化的核心价值呢？

品牌文化的核心价值是品牌的重要资产，有了核心价值，就能很好地驱动消费者认同品牌文化，进而爱上这个品牌。所以，要想更好地让消费者认识到品牌文化的核心价值，就需要明确、清晰地将品牌文化的核心价值勾勒出来，并呈现给消费者，让消费者能够非常直观地感受到。

比如，云峰酒业推出了"小糊涂仙"酒品牌，其成功落地主要在于其巧妙的文化定位。首先，"小糊涂仙"借"聪明"与"糊涂"进行反衬；其次，借郑板桥的一句名言"难得糊涂"融入酒中，用这一情感触动消费者内心，将品牌很好地根植于消费者心中。

要点提示：

在通过品牌文化核心价值进行品牌定位时，需要掌握哪些要点呢？

①确保适合性

文化是为品牌塑造而服务的，在为品牌匹配相应的文化时，要有选择性。那么，如何来判断文化的核心价值是否适合品牌呢？

第一，要与品牌存在共性。

如"小糊涂仙"酒与郑板桥的"难得糊涂"都有一个共性，即"糊涂"。

第二，应当符合目标消费群体的特点。

比如，小糊涂仙酒的目标消费群体是当下的新精英人群，他们的内心十分清楚，自己人在江湖，身不由己。对社会上的一些事情，能看开一点就看开一点，不要太认真，难得糊涂。这就是"糊涂文化"的来历。小糊涂仙酒的"糊涂文化"恰好与目标消费群体的内心追求相契合。

②要有独特性

将文化融入品牌，可以使得品牌形成记忆点。但不同的国家和地区，有自己不同的文化氛围。如果不能打造文化差异性和独特性，那么塑造品牌难度就会比较大，且难以建立较高的品牌忠诚度。所以，借助文化进行品牌定位要有独特性和不可替代性。

2. 文化中融入情感主张

当前，消费者消费的目的已经不仅仅是满足物质需求，还要满足日益增长的自我愉悦的需求。品牌建设的目的就是将自己与特定的消费者利益点联系起来，而不是仅限于产品本身的一些特质。品牌的情感主张能够满足特定消费者的情感利益，所以情感主张成了品牌文化定位的一个重要方面。

情感利益是指那些能够让消费者为之怦然心动的情感。如何选择情感主张并将其融入品牌文化当中，主要是看哪一种文化能够对目标消费群体起到最大的情感渲染力，能够触动消费者和品牌之间的情感联系。

比如，金六福的品牌定位是"中国第一'福'酒"。中国人非常注重美好寓意和祝福，比如幸福、吉祥、圆满等。金六福抓住了大众的这一心理，将酒品牌与酒文化相结合，用"金六福"这个具有强烈联想度的名称向受众传递"福文化"，给消费者一种购买金六福就是购买幸福的感觉，满足了中国绝大多数消费者对美好和祝福的追求。

再如，王老吉凉茶在品牌同质化严重的情况下，为了提升自己的辨识度，便将传统文化与现实用户深度捆绑，将"吉文化"作为品牌文化，潜移默化地植入用户心中，并实现了文化沉淀，为品牌赋予了超越物理属性之外的其他价值。王老吉的这一策略，从精神层面去传递王老吉的"吉文化"，在得到用户认同感的同时，更是为自身做了很好的品牌文化定位。也正是因此，在人们想到有关"吉祥"的品牌时，第一反应就是王老吉。

要点提示：

在通过品牌文化中的情感主张进行品牌定位时，需要明确以下两个要点。

①能够引发共鸣

消费者是有情感的，在注重文化格调的同时，还十分注重情感连接。所以，品牌在借助文化潜移默化地进行品牌定位时，要充分利用文化中蕴含的情感，引发情感共鸣，才能增加消费者对品牌的好感度，形成重要的品牌壁垒。

②满足绝大多数消费者对美好和祝福的追求

品牌文化不仅仅是品牌的文化，更重要的是要满足绝大多数消费者对美好和祝福的追求。否则，背离消费者追求的品牌文化即便再有个性，也会引来消费者的厌恶。

3. 文化中融入审美主张

文化与审美是分不开的。消费者在接受一个品牌的产品或服务时，不只关心品牌产品或服务有什么功能，更重要的是体验该品牌的产品或服务能够给自己带来什么样的体验。体验越接近理想，消费者的个性需求越能得到更好地满足。那些具有审美属性的文化，在理想意义上是最受广大消费者青睐的文化。将审美主张融入品牌文化当中，更有利于消费者因为独特的审美文化魅力而喜欢上品牌。

故宫文创这几年深受广大年轻消费者的喜爱，就是因为其将传统文化与现代审美相融合，将东方美学演绎成一种纯粹的文化内涵，品牌在附上中国风元素后，价值被放大，成为一种文化、趣味、生活方式的传递。

拿故宫胶带来说。在我们的印象中，胶带只是用来粘东西的。故宫文创却打造出了一系列与众不同的国风胶带，囊括了各种紫禁城建筑构件，如黑白两底的仙兽逐星辰和纸胶带、春入花梢燕双飞和纸胶带等。这些精美的胶带可以粘贴在任何物件上，使其瞬间变得或高端大气、雍容华贵，或淡雅别致、仙气十足，让人一看就喜欢。

除了胶带之外，还有折扇、摆件、书签、杯垫、文具盒、晴雨伞、便签本等，无一不是将传统美学和中华传统文化融合在一起，也因此成就了故宫文创这一品牌定位的落地。

要点提示：

在通过品牌文化中的审美主张进行品牌定位时，需要注意审美主张要引领潮流，更要符合当下消费者的审美需求。

作为一个品牌，要想通过文化定位在市场中立足，在引领大众审美方向的同时，还应当以当下审美需求为基础。人们的审美是会随着时代的变化而有所变化的，但无论审美如何变化，品牌在将审美主张融入文化中时，都要确保审美主张符合当下人们的审美需求。脱离了当下审美需求的文化，在进行品牌文化定位时会遇到一定的阻力。

【案例分享】

花西子以东方之美打造中国文化品牌

纵观美妆市场，美妆品牌比比皆是。前几年，中国消费者比较热衷于那些国际大牌美妆产品。如今，国潮风的兴起带来了新国货品牌的崛起。花西子作为美妆领域的新成员，借助东方之美打造中国文化品牌，将自身推到了令彩妆行业人人刮目相看的高度。

花西子原本是一个做彩妆生意的品牌，却硬生生将彩妆产品做成了一件件艺术品。也正是如此，花西子在创建两年多的时间里，就成长为彩妆领域独树一帜的知名品牌。

在创立之初，花西子不断挖掘中国文化中的美学元素，并将其融入产品设计当中，使得产品具有浓浓的中国风、东方美特色。但在花西子诞生之前，百雀羚、水密码等国潮彩妆品牌已经在国内彩妆领域打开了格局。花西子也想从"国潮"入手进行品牌定位，但这似乎与百雀羚、水密码这样的彩妆竞品存在相似之处。为了让消费者能够看到和感知到花西子品牌的独特性和专属性，花西子还从品牌名称、工艺材质、包装风格上开辟了新的打法。

比如，花西子雕花口红是借鉴中国古老的雕琢技术，将极具中国文化特色的牡丹花、凤凰、仙鹤等雕刻在口红上。这一创新产品设计开创了国内立体纹理口红的先河，更是用雕花这一展现中国特有文化的元素突出自己"东方之美"的文化品牌定位。也正是基于此，使得花西子成就了国内比肩大牌美妆品牌高度的成绩。

案例点评

花西子的成功之处在于借助溯流徂源这一品牌定位策略，深挖中国文化并与中国文化相融合。花西子无论在品牌设计上，还是在产品工艺、品牌包装上，都嫁接了经典东方国粹图案，古典的高颜值中透出浓浓的中国文化，打造出独具一格的"花西子风"，让每一个看到它的人都能被其传达出来的民族文化所惊艳。在成就了其品牌资产的同时，也在消费者心中建立起了强烈的信任感。

第9计
独树一帜：展现个性，凸显自我

消费者每天接收到的信息繁多且复杂，对品牌的差异度感知变得越来越弱。所以，在当前这个时代，做好品牌定位，打造品牌差异化就显得尤为重要。

【计谋释义】

清朝诗人、散文家袁枚在《随园诗话》卷三中写道："元、白在唐朝所以能独树一帜者，正为其不袭盛唐窠臼也。"意思是元、白之所以能够在唐朝与众不同，自成一家，就是因为他们没有延续盛唐文章的现成格式。独树一帜也可以作为一种策略用在品牌定位当中。

当一个新鲜事物出现时，它能够给人们带来什么样的印象十分重要。独特的品牌形象可以引发人们的好奇，进而激发人们对品牌的兴趣，引发人们进一步去了解和认识品牌。可以说，品牌个性是实现消费者自我表达、满足消费者精神需求、实现与消费者之间情感连接、彰显品牌之间差别的重要工具。

通过展现个性，凸显自我的方式进行品牌定位，往往可以使品牌在众多竞品中独树一帜。这样的品牌往往具有持久的生命力，是品牌定位的不二之选。

【运用要点】

运用独树一帜策略进行品牌定位，就应当凸显自己与众不同的特点。具体操作步骤有如下两步。

第一步：品牌人格化

塑造品牌个性对于品牌定位的落地之所以有效，是因为消费者往往会将品牌视作一个形象、一个伙伴、一个人，甚至会将自我形象投射到品牌之上。所以，品牌个性定位的第一步就是要做好品牌人格化。

品牌个性就是品牌展现出来的一种性格。每个人都有自己独特的个性和性格，品牌也是如此。当我们将品牌想象成一个人时，这个"人"就具备了一定的人格特征，或青春亮丽、热情活泼，或时尚前卫、成熟性感，或典雅温婉、低调深沉。人格化是品牌个性化的一种重要呈现方式。很多知名品牌都将品牌人格化，以此来凸显自己的与众不同。

比如，人们一提到坚果，想到的就是三只松鼠。三只松鼠能够撩动消费者的反射弧，很大程度上在于其人格化的品牌定位。

当下，消费者在选购食品时，更加关注的是食品健康和安全问题。三只松鼠为了迎合消费者的这一价值需求和喜好，就将自身定位于"森林系"，为消费者提供健康、新鲜的森林食品。

三只松鼠为了更好地向目标消费群体展现这一品牌定位，认识到这一品牌定位，就使用三只可爱松鼠的人格化形象，而且还赋予每只松鼠不同的血型、星座、个性、兴趣爱好等特征，将三只可爱的松鼠的人格化符号进一步强化。

要点提示：

在进行品牌人格化时，需要注意以下两点。

①品牌人格化与消费者期望相吻合

品牌有了人格，也就获得了与消费者交流、做朋友、让消费者为品牌心动的能力，通过人格魅力可以有效征服消费者。但品牌人格化表达应当与消费期望相吻合。吻合度越高，越容易引起消费者共鸣，品牌的人格魅力也就越凸显。

②品牌人格化具有独特性

品牌人格化塑造的目的是形成品牌差异性，为消费者提供一个记住品牌和选择品牌的理由。在塑造品牌人格的时候，应当注意突出其独特性，以显示品牌的独特魅力。

第二步：清晰展现自我

在塑造品牌人格之后，还需要向消费者清晰展现，才能引来消费者的关注。清晰的个性能够让品牌与其他竞品快速区分开来。品牌可以通过表现自身的某种特有形象，宣扬独特的个性，让品牌成为消费者表达自我价值观和审美情趣、表现自我、张扬个性的一种载体。这样，消费者一旦有表达自我、张扬个性需求的时候，就会联想到品牌，并通过购买的方式来满足自身的这些需求。

要点提示：

在清晰展现自我时，需要做到两个字——简约。

就好比着装一样，越是简约的着装方式，越能凸显高级感，彰显个人气质。在展现自我的时候，越是用简约的方式，越能更好地突出品牌的独特个性，越能更牢固地根植于消费者心中。整合营销传播之父唐·E.舒尔茨认为，大众在接收信息的时候，会遗忘或者过滤掉99%的信息。庞杂的信息只会削弱核心主题的力度，因此简单的个性特征更容易在消费者的记忆中扎根。

很多国际知名品牌在彰显品牌个性的时候，大多会用简单的几个词汇来概括。比如，苹果的创新、小米的年轻、格力的进取等。

【案例分享】

海尔借人格化形象成为家电领域独树一帜的品牌

如今，家电领域品牌众多，格力、美的、九阳、海信等形成强势竞争格局。目前，海尔集团已经发展成为大规模的跨国企业集团，成为世界白色家电的第一品牌、中国最具价值的"国品之光"品牌。

海尔集团成立于1984年,从诞生至今将近40年的时间,海尔集团完成了5次重新定位。

其中一个重要且成功的品牌定位,就是通过塑造品牌个性的方式,使其能够在家电领域独树一帜。

在个性化风潮正盛的时代,海尔集团为了凸显自己的个性化特点,专门与一家电脑动画制作技术公司联合出品了《海尔兄弟》系列动画片,将自己的品牌化身为人类解决灾难和解开无尽自然之谜的人格化形象。

时过境迁,虽然海尔兄弟的形象可能在大家心目中已变得有些模糊,但海尔兄弟在面临人类灾难时,所拥有的那份责任心却始终烙入人们心中。这份责任心也跨时空延续到了《海尔兄弟》的创作方海尔集团的身上。海尔集团也一直在履行着自己的社会责任,积极响应国家号召,成为节能减排、绿色低碳的品牌代表。

案例点评

在众多家电品牌宣扬创新、进取等个性化特质之时,海尔集团却另辟蹊径,借助《海尔兄弟》系列动画片中塑造的海尔兄弟的形象为自己树立了良好的品牌形象,并将海尔兄弟的责任心延伸到品牌的责任心,以此凸显自身节能减排、绿色低碳的个性化品牌定位。这样的定位方式,在行业中少之又少,也是海尔集团能够在品牌定位上取得成功的关键。

第10计

鹤立鸡群：高阶思维，彰显品位

不同的品牌，消费者会按照它的价值高度将其分为不同档次。而同一个领域的品牌，消费者更加钟情于那些档次较高的品牌。因为这类品牌的性价比高，同时，还能够彰显消费者的品位。

基于消费者的这一心理，品牌完全可以借助高阶思维，通过凸显品牌档次的方式为品牌进行定位。

【计谋释义】

南朝文学家刘义庆《世说新语·容止》中有这样一句话："有人语王戎曰：'嵇延祖（嵇绍）卓卓如野鹤之在鸡群。'"意思是有人告诉王戎说，晋代嵇康之子嵇绍（字延祖）身长有风姿，仪表在周围一群人里显得很突出。

一只鹤只有置身于鸡群中，才能凸显其自身。同样，一个品牌要想从众多竞品中脱颖而出，也要给自己找到合适的位置，使自己成为某个领域中的高级别品牌，在竞品的衬托下，使自己熠熠生辉。

购买力是消费者选择品牌时的主要制约因素。品牌档次越清晰，消费者就越能轻松了解自己的购买能力是否与品牌相匹配，能有效减少消费者独自搜集品牌信息的麻烦，让消费者能够快速对自己的购买能力与品牌档次做一个衡量，减少购买决策的时间成本。

很多人认为，档次需求只是某一部分人的需求。但事实上，社会中的每一个消费者都对品牌具有档次需求。

按照心理学家马斯洛的需求理论，用户需求通常包含生理需求、安全需求、社会需求、尊重需求、自我实现需求。

其中，生理需求和安全需求是消费者对产品的刚性需求，是基础需求；社会需求、尊重需求、自我实现需求是从物质需求到情感需求的升华。品牌档次越高，品牌所获得的附加价值越高，也就越能满足消费者的品位、身份、自尊或优越感，在别人面前使用高档次品牌非常有面子，也能够体现自己的价值观和审美情趣。所以，高档次品牌能够很好地满足人们的社会需求、尊重需求和自我实现需求。这样的品牌，让消费者发自内心地喜欢，会主动向品牌靠拢。

【运用要点】

品牌如何借助档次定位让自己鹤立鸡群呢？

1. 品质定位

品牌要想让自己的档次上一个台阶，最基本的做法就是从品牌的品质入手。比如，品牌产品构成的物料是否高档？打造品牌产品使用的工艺是否高档？构建品牌产品使用的技术是否有黑科技？品牌产品或服务是否具有高价值？这些都可以很好地提升品牌的"段位"。品质是品牌"段位"衡量的标准，品质的好坏直接影响到品牌在市场中的受欢迎程度。

人们一提到高端大气的汽车品牌，就会想到劳斯莱斯。劳斯莱斯是世界知名豪华高端车品牌。随便一辆劳斯莱斯，其顶级配置都会给用户带来高端的感觉。劳斯莱斯除了具有贵族气质和经典设计之外，更是从舒适度、安全度方面考虑，并遵从人体工程学。当一枚硬币放在正在运行的劳斯莱斯发动机上时，硬币依然纹丝不动。这些都为劳斯莱斯的高级感奠定了基础。

要点提示：

在品牌定位借助凸显品质让品牌达到鹤立鸡群的目的时，需要注意充分考虑品质的边际效益。

虽然理论上来说品牌品质越高越好，但在实际当中，品牌在研发、生产产品时，品质越高，投入的成本也就越高。如何能保证品质高的同时，投入成本不会太高呢？应当以市场需求的实际情况作为参考，以此来确定产品的质量水平。在这一点上，品牌应当综合考量品质的边际效益，即品质的边际投入和边际收益应当相等。换句话说，就是要保证花在提高品质上的每一分钱都要收到相同的价值收益，赢得消费者理想的价值认同。

2. 价格定位

品牌档次定位还可以通过价格定位来实现。俗话说，一分钱一分货。品牌档次的高低，品牌产品的价格就是最直观的体现。价格定位通常分为三种。

（1）高价定位

高价定位即品牌普遍产品价格不低于市场竞争对手的产品价格。高价定位的品牌，其产品或服务往往具有明显的优势，再加上高价定位，能更好地支撑高档次的品牌形象。

（2）低价定位

低价定位，即产品的价格定得要远低于市场竞品的价格。低价定位的品牌并不意味着其产品和服务品质与竞争对手相比较差，有的甚至会更好。使用这种价格定位方式，要么是品牌本身具有绝对低成本优势，要么就是为了更好地抑制竞争对手的发展。

（3）市场平均价格定位

市场平均价格定位即把价格定在市场同类产品的平均水平。

在白酒领域，品牌众多。茅台就是借助高价来提升品牌档次的。茅台酒旗下有很多产品，产品价格从几百元至几千元，其价格与行业竞品相比都比较高。但无论哪一种产品，都按照"品价匹配，层次清晰，梯度合理"这12字的品牌产品结构，将自身定位于高端品牌。

要点提示：

在品牌定位时，借助高价让品牌达到鹤立鸡群的目的时，需要注意价格与品质相匹配。

消费者花高价购买品牌产品的目的是凸显自己的品位、身份或优越感等，如果花高价买来的品牌产品华而不实，品价不匹配，则即便品牌定位走高端路线，其生命力也难以长久维系。

3. 调性定位

现在的品牌都在朝着特色化、个性化方向发展。如果将品牌比作一个人，那么要想让人感觉这个人有辨识度、有高级感、有品位，就要将这个人的形象具象化。比如，这个人的性格如何？长相如何？有什么过人之处能吸引人？这些都是一个人所体现出来的调性。

品牌也有其调性，通过调性可以传递出品牌的一种高级感。品牌调性通俗来讲是一种品牌传达给消费者的印象记忆，涵盖了品牌价值、品牌标识（包括品牌名、商标、色彩、宣传语、包装、代言人等）和品牌故事。与众不同的品牌调性可以让品牌与其他竞品之间形成差异，有助于品牌快速定位。

品牌调性的传达方式主要依靠视觉、文字、听觉、行为这四个渠道来实现。

（1）视觉

视觉是最直观感受外界信息的渠道，所以品牌可以通过色彩、字体、包装来体现品牌调性。

比如一家酒店，在布局上将东方文化与现代艺术相结合，在设计上大量使用原木、石材等天然元素，营造出时尚氛围，大气之余，也更好地传达了天然、健康的品牌调性，给人以满满的高级感。

（2）文字

文案通过文字的形式体现品牌的独特价值和精神，能够激发人们的情感，让其感受到品牌的调性。

（3）听觉

不同的音乐能够给人带来不同的听觉感受，甚至能影响人们的情绪，也是品牌调性的一种传递方式。

比如，张惠妹的一首歌《给我感觉》，不仅让张惠妹在当时火遍大江南北，还让雪碧成为年轻有活力的汽水饮料品牌。

（4）行为

品牌通过什么方式进行品牌传播，向消费者传达什么品牌理念等行为，也是品牌调性的直接体现方式。

通过不同的表达方式，可以更好地向消费者展现品牌调性，彰显品牌档次。

要点提示：

在品牌定位时，借助调性让品牌达到鹤立鸡群的目的需要注意以下两点。

①要保持调性的设计元素符合品牌特征

如果在品牌调性设计的过程中与品牌特征不符，不但不会为品牌档次加分，还会瞬间拉低品牌档次。

②要使消费者能够产生共鸣

调性就是品牌为自己塑造的"人设"，能够让消费者产生共鸣的"人设"才能在众多同类品牌中建立品牌识别度。

【案例分享】

HR赫莲娜凭借黑科技打造高端品牌

护肤品领域品牌众多。法国的HR赫莲娜在护肤品领域当属高端护肤品牌。

HR赫莲娜创建于1902年。在创建之初，其就专注于科技创新。HR赫莲娜的品牌定位就是"至美力量，科技为先"，将自己定位于高端品牌。HR赫莲娜注重在细胞科学和皮肤上的研究，应用尖端科技打造护肤品成分，并在护肤品领域取得了卓越领先的成绩。

比如，HR赫莲娜实验室首次提出一种全新的肌肤类型——城市压力肌。当下，城市飞速发展，人们的肌肤每天都遭受着各种侵害，如疲劳、熬夜、膳食不均衡等，使得肌肤表面产生大量有害的自由基，诱发人体皮质醇的分泌激增，导致肌肤过度透支，自我新生与修复变得迟钝，色素沉淀，肌肤暗沉，干纹出现，加速了老化的速度。

针对这一肌肤类型，HR赫莲娜推出了一款绿宝瓶精华。该精华利用海洋堇和海东青两种"高蓄能"植物原生细胞协同作用，再借助细胞通信智能激活科技主动识别并修复城市压力导致的肌肤耗竭，有效修复细胞信息通信能力，使得肌肤能够更好地适应城市环境，并达到恢复和延长年轻肌肤的状态。

案例点评

高科技本身就自带高级感。HR赫莲娜将"美"与"科技"完美结合，还将创新精神发挥到了极致。这是其他护肤品牌所无法比拟的。也正是基于此，HR赫莲娜的品质超越了同行业其他品牌，其品牌形象由此瞬间变得高大起来，并因此登上了高端护肤品牌的宝座。

第11计

东趋西步：逆向行之，出奇制胜

品牌定位策略中，绝大多数都含有"争抢"的意味，这类品牌定位策略都属于正向思维。但很多时候，由于品牌没有那么多的精力去争去抢，这时，省时省力的方法就是用逆向思维进行品牌定位，这样的定位方式反而更容易出奇制胜。

【计谋释义】

西汉著名哲学家焦赣在其所著的《易林·比之损》中有一句话："二人异路，东趋西步，千里之外，不相知处。"大概意思是两人各走各的路，一个向东，一个向西，走出千里之外了，不知道在哪里能够相知相伴。

东趋西步即相背而行的意思，比喻彼此向着相反的方向和目的前行。

在品牌定位的过程中，除了正向思维定向之外，还可以借助逆向思维，即与竞品定位相反的方向去寻找定位点，为品牌进行定位。正向思维定位，即先根据品牌产品的分析，提炼出一个定位并向大众消费者传达。这是按照一般逻辑思考方式进行品牌定位的。但很多时候，品牌是很难找到一个明确而有利的定位方向的。借助正向思维进行品牌定位会出现很多阻力，使得品牌难以在众多竞品中脱颖而出。

反其道而行之则成为一种很好的品牌定位方式。因为用逆向思维进行品牌定位可以减少与竞品的正面冲突，减少竞品围剿的可能性，能有效提升品牌持续生存的概率。

【运用要点】

用东趋西步策略进行品牌定位，在具体定位的过程中可以通过以下两个步骤来实现。

第一步：找准参考对象

用反向思维进行品牌定位，关键是要找准参考对象。那么，要找什么样的参考对象呢？

（1）优秀品牌

市场中从不缺乏优秀的品牌，这些品牌往往有其优秀甚至无人能比的特质。无法与其正面较量，并不意味着也不能将其用来做自身品牌定位的参考对象。

选择优秀品牌做逆向思维品牌定位的参考对象，将优秀品牌作为自己的标杆，是理想之选。

（2）大众品牌

大众品牌的定位特点代表了行业中的绝大多数，选择大众品牌作为参考对象也是明智之举。

要点提示：

在选择参考对象时，需要注意保证参考对象是行业中的品牌。

无论是优秀品牌还是大众品牌，都必须保证是同行业、同领域的品牌。不同行业中的品牌没有参考价值可言。

第二步：确定反向定位方向

优秀品牌已经是市场中的既有品牌，在消费者心中已经形成固有认知，受到广大消费者的认可和青睐。选择与这些品牌定位相反的一面做自己的品牌定位会打破消费者的固有认知，引发他们的好奇和兴趣，吸引他们主动去关注和了解你的品牌，甚至激发他们想体验品牌产品的急切心情。

反向定位的方法有以下三点。

（1）外形反向定位

不同的品牌其产品往往各具特色。外形是品牌反向定位的一个重要方面。

比如，别的品牌追求奢华，你的品牌就可以反向行之，走极简路线。

（2）功能反向定位

功能反向定位也是品牌反向定位的一种手段。这里用一个简单的例子来加以说明。

在酒店领域，传统星级酒店只要是三星级以上，相关部门就会对酒店的规模和设施有一定的要求。电梯的数量需要达标，要配备会议室、宴会厅等，而且在装修方面也提出了较高的要求。星级越高，要求也越高。这样一来，酒店的成本必然会上升，其服务价格也会随之上升。

如家、速8、汉庭等新兴起来的酒店，则不走传统星级路线，对自己的品牌进行反向定位。它们从酒店功能入手，将自身定位为商务经济型酒店，不必参与评星。大堂面积小而简单，删除了会议厅，减少了电梯，做了简装装修，餐厅的布置也很简单。门店不在繁华地段设置，甚至不在路边，而是在巷子里。它们的核心思想就是干净、舒适，让客人入住后能够感受到酒店的高性价比即可。事实证明，它们这种从酒店功能入手进行的反向品牌定位非常成功。

（3）心理反向定位

心理也是品牌反向定位的一个重要方向。在绝大多数品牌满足消费者的一种心理需求时，可以从这种心理需求出发，做反向定位，同样可以成为同行业中的赢家。

对于绝大多数酒吧而言，大都是"不醉不归""一醉方休"之类的定位。但德国曾经有一个酒吧，就用一句"玩得好，喝不醉"的宣传语为自己进行逆向定位，突出"喝不醉"的品牌特点。这家酒吧将所有的酒精浓度都调低了一些，前来的顾客不但能够乘兴而来，还能尽兴而归，很好地迎合了一批消费人群的喜爱。

要点提示：

在确定品牌定位方向时，无论从外形、功能还是心理出发进行反向定位，都需要抓住参考对象突出的定位点，做相反的定位。

【案例分享】

大众汽车靠反向定位出奇制胜

曾经有一段时间美国汽车盛行，几乎统治了半个世界。大部分美国汽车品牌以空间大、动力足、底盘重著称。

以美国底特律的汽车制造商为例，它们一直以来强调更长、更大、更流线型、更豪华美观的品牌策略。在1973年发生世界石油危机之后，这种情况发生了巨大的转变。德国大众汽车公司为了进军美国市场，开始将美国的工薪阶层作为自己的目标消费者。为了更好地迎合这类消费群体的需求，德国大众汽车给自己做了重新定位，推出了"Think small"（想想还是小的好）的品牌定位，从更小、更实惠入手，迎合了消费者对经济、灵活、实惠车型的心理需求。由此，德国大众汽车公司打造的甲壳虫汽车凭借科学而准确的反向定位出奇制胜，成功打入美国这个汽车王国的市场。

案例点评

在其他汽车品牌追求气派、豪华的定位时，大众却反其道而行之，选择小巧、轻便作为自己的品牌定位方向，这种外观特点是美国汽车品牌所没有的。大众通过反向定位的方式与竞争对手形成定位区隔，牢牢地占领了一部分目标消费群体的心智资源，凭借这一定位为自己赢得了占领美国市场的机会。所以，反向定位，值得一试。

第12计

以强胜弱：以长攻短，取而代之

每一个品牌都有自己的特有风格和特定元素。但很多时候，品牌很长时间也找不到符合自身的定位方向，认为别人过于强大，自己没有任何优势可言。殊不知，强大和弱小都是相对的。很多时候，别人的短处，恰好是你的长处。以强胜弱，以己之长攻彼之短，同样可以和那些卓有成就的品牌平分秋色，甚至还可以取而代之。

【计谋释义】

在春秋末年，孙武所著的《孙子兵法·势篇》中有这样一句话："兵之所加，如以碬投卵者……"意思是：军队进攻敌人，就像用石头打鸡蛋那样。以碬投卵，即用磨刀石去砸蛋，比喻以强攻弱，必胜无疑。

每个领域都有十分强势的品牌，作为新兴或者弱势品牌，难道就没有生存的机会了吗？当然不是。就像人无完人一样，即便是强势品牌也有自己的弱点或欠缺的地方。面对强势品牌，新兴或弱势品牌应当将强势品牌作为自己强劲的竞争对手，全面分析强势品牌，从其强势中挖掘弱点，并用自己强势的一面对其弱点发起攻击，从而建立自己的品牌定位。

【运用要点】

用以强胜弱策略进行品牌定位，在具体操作步骤有如下三步。

第一步：寻找市场竞品

市场的发展总是在不断弥补缺点、弱点的过程中进步和完善，进而向前发展的。正所谓，知己知彼，百战百胜。所以，首先我们要做的就是在市场中寻找竞品，为后续品牌定位做好准备工作。

要点提示：

在分析市场竞品时，我们要明白，几乎行业中所有的品牌，都与你存在竞争关系，因此必须对它们加以分析。间接竞品的存在对品牌构成的威胁也是不容小觑的。

（1）直接竞品

在行业中，那些与我们自身产品有相似定位、相似用户以及相似功能的产品，都可以看作是直接竞品，都可以看作是我们的直接竞争对手。

（2）间接竞品

有句话叫作：打败你的可能不是同行，而是跨界。在分析竞争对手时，除了关注和分析直接竞争对手之外，间接竞争对手的存在也不容忽视。与直接竞品相比，间接竞品在选择的时候比较困难。因为它们是潜在的，只有深入了解目标用户需求之后，才能知道谁是间接竞争对手，谁是潜在的领先者。

举个简单的例子。在方便面领域，很多时候会认为其他方便面品牌是自己的竞争对手，却忽略了外卖平台这样的间接竞争对手的存在。

第二步：挖掘竞品弱点

在业内，即便再强大的领先者，即便占领了大部分市场份额的品牌，即便它们看起来似乎是完美的，但只要用心去深挖，就会发现与人无完人一样，物无完物。挖掘竞品的弱点，可以根据这些弱点来体现自己品牌的优点。

那么，如何挖掘竞品的弱点呢？可以通过以下三个问题找到你想要的答案。

（1）用户的真正需求是什么

商机往往源自用户的不满和需求。能够满足用户需求的品牌才是最好的高价值品牌。所以，品牌定位往往是根据用户需求而定的。

（2）用户需求竞品是否全部满足

智者千虑，必有一失。即便是卓越的标杆品牌也难以做到思虑周全、万无一失，也难以完全满足用户的需求。

（3）挖掘竞品弱点

看似完美的竞品，只要我们善于从不同的角度去挖掘，就能找出其弱点。不论表面上看无法满足用户需求的点，还是没有从更深层次满足用户潜在需求的点，都可以看作是竞品的弱点。

要点提示：

挖掘竞品弱点一定要具备超强的洞察力，并拥有一定的行业积累，这样才能做好竞品调查和分析，透过表象看到背后的本质。

第三步：放大竞争对手的弱点，放大自己的优点

在找到竞品的弱点之后，就可以通过有效的传播手段来放大竞争对手的弱点，同时还要放大我们自身的优点。以此优点为我们的品牌进行定位，让受众通过对比，更好地感受到我们的品牌优势，进而钟情于我们的品牌。

奶粉行业在历经"三聚氰胺"事件之后，"安全"成为妈妈们选购奶粉时的主要关注点。很多妈妈们开始选择"洋奶粉"。

飞鹤奶粉推出了全新的竞争战略，不仅通过产品认证解决了"安全"问题，而且还找到了突破点。"洋奶粉"在宣传的时候，将核心强势放在"全球品牌""全球品质"上，这也是一把双刃剑。具有"全球品牌""全球品质"特点的"洋奶粉"也有其弱点，那就是它并不一定适合中国宝宝。飞鹤奶粉作为国产奶粉企业，对中国宝宝的体质及需求的了解要远超国外企业。所以，飞鹤就将"适合中国宝宝体质的奶粉"作为战略定位，通过"专为中国宝宝研制，更适合中国宝宝体质"的广告语，让更多的宝妈们知道了飞鹤，选择了飞鹤。

飞鹤奶粉正式击中了国外奶粉背后的弱点，并大力宣传了自己的优势，

从而成功突围，一举成为本土奶粉企业的头部品牌。

要点提示：

在抓住竞争对手弱点时，只有将其弱点放大，同时将我们品牌的优点进一步放大，才能让所谓的行业标杆品牌的弱点与我们品牌的优点形成鲜明的对比，让更多的受众通过对比来发现我们品牌的好。

【案例分享】

毛铺老酒以长攻短推翻竞品地位

不论是朋友聚会还是宴请宾客，白酒都是餐桌上增进情谊必不可少的饮品。很多白酒虽然口感醇香，但酒性较烈，会在一定程度上给人们带来伤胃、伤肝的危害，这使得很多人对白酒又爱又不敢太过偏爱。

大部分熟悉安徽白酒的人，都知道安徽有几大强势品牌，如古井贡酒、种子酒、宣酒、迎驾酒等。这些品牌将消费者对白酒又爱又不敢太过偏爱的矛盾作为品牌定位的入手点，推出了绵柔口感的白酒。

毛铺老酒为了能在夹缝中求生存，在研究品牌定位时，发现了几大强势品牌有一个共同的点——"柔"。而且他们在做市场问卷调查的过程中也发现，很多消费者对几家强势白酒品牌的反馈是：酒非常好入口，但口感相对较淡。由此，毛铺老酒发现，"绵柔"的口感既是这几大竞品的优势，但也是他们的弱势，于是便提炼了一个新的概念——"立体口感"，凸显一款真正口感丰富的好酒。此外，毛铺老酒还提炼出一句广告语"好酒不只是柔",为的就是用"立体""丰富"打败"绵柔",更好地迎合消费者心中对于好酒的定义。

毛铺老酒凭借高而不烈、浓而不腻、品之具有独特的风味和口感,很快赢得了市场,打破了原来几大品牌独占市场的格局,成功上位。

案例点评

毛铺老酒从竞品的弱点出发,用全新的概念做品牌定位,将竞品的弱点转化为自身优势,作为品牌推广的落地点。没有对比就没有优劣之分。就这样,毛铺老酒以长攻短,赢得了人们的心智,在当地白酒领域成功上位。毛铺老酒的这种品牌定位策略非常值得我们借鉴和学习。

第二篇

引流获客

品牌定位是赢得人心的根本,但要想获得长期发展,还需要有持续的流量做支撑。在当前互联网时代,人们获取信息的方式和渠道变得越来越多元化,流量高地随时都会发生转移,流量的成本逐渐攀升。品牌对流量的渴望越来越强烈,掌握强有效的引流获客方法,是品牌构建流量持续增长体系的重中之重。

第 13 计
乘时乘势：巧乘东风，拨动千斤

著名物理学家牛顿说过这样一句话："如果我能看得更远一点的话，是因为我站在了巨人的肩膀上。"品牌引流获客也是如此。

当前，引流获客成本居高不下，渠道分流使得引流获客难上加难，使得品牌面临新流量的增长困境。如果能站在巨人的肩膀上成就自己，会让品牌少走很多弯路，从而带来意想不到的引流获客效果。

【计谋释义】

《孟子·公孙丑上》中写道："虽有智慧，不如乘势，虽有镃基，不如待时。"意思是虽有才智，不如依靠好形势好运气；虽有锄头，不如依靠好天时。乘时乘势指的是应当趁着有利时机和形势做一番事业。

我们完全可以将乘时乘势这一好策略应用到品牌引流获客当中。处于流量弱势或者劣势的品牌实现快速引流的最直接、最有效的方法就是乘时乘势。正所谓："热点在手，流量不愁。"站在巨人的肩膀上，品牌引流吸粉才有了制胜的武器，才能在市场竞争中走得更高、更远。

【运用要点】

正所谓："巧借东风行好船。"能够巧借东风，品牌会赢得天时、地利、人和等各种引流机会，获得四两拨千斤的营销效果。那么，品牌该如何乘时乘势引流吸粉呢？

1. 借"热点事件"之势

在当前这个信息过剩、注意力涣散的时代，谁能够第一时间成功抢夺用户的注意力，谁就能赢得更多的机会。时事热点往往是吸引人们关注的焦点。品牌可以巧妙地借助"热点"之势为自己引流。

好奇心是人类的天性，于是热点事件便成为最好的引流方式。热点事件就是社会中突发的事件。这类热点事件能够在社会中引起广泛关注，能激起民众的情绪，本身自带流量属性，能成为品牌与受众之间理想的交流工具。借助热点事件为品牌引流，可以起到低成本、高效率传播的作用，将品牌信息快速辐射到任何区域。

可口可乐可以说是擅长借助"热点事件"做营销的典范。

对于大众来说，春节是一个团圆的节日。在这个节日来临之际，"团圆""团聚"等的话题都会引起大众的关注。2023年，"这个春节可以回家过年吗"话题频上热搜。大众在对回家过年的期待中，畅谈着与家人坐在一起吃年夜饭的话题。

可口可乐紧跟春节热点，提出"岁月在变，团聚的美妙不变"品牌主张，并聚焦于吃年夜饭的场景，绑定微博，利用微博的社交舆论优势，打造了"年夜饭"主题话题，让"可口可乐＋年夜饭"的热点场景在全网实现更多的曝光，形成强烈的共鸣和共振。

可口可乐的这波操作，借助热点事件进行自我曝光，使得人们的记忆中，只要有年夜饭就一定要有可口可乐，从而实现了营销突围，也使其品牌价值得到了沉淀。

要点提示：

借热点事件引流需要掌握以下原则三个原则。

①时效性

热点事件出现的热度会随着时间的推移而有所降低，蹭热点的黄金时间往往就是热点事件出现后的1~12小时。所以，借"热点事件"之势，一定要抓住这个黄金时间段。

②位性

借"热点事件"之势，并不意味着要置品牌定位于不顾。虽然蹭热点是为了吸粉引流，但偏离品牌定位的蹭热点，没有切中要害，反而容易降低品牌的形象。

③客观性

热点事件往往是当下客观存在或发生的事件。借"热点事件"之势切忌凭空捏造，添油加醋。脱离了热点事件的真实性，会影响品牌的好感度。

2. 借"热点节日"之势

一年365天，节日众多。凡节日，皆热点。一个出色且契合品牌特点的节日，对于品牌吸粉引流来讲是一个十分省力的模式与抓手。法定节假日，如元旦、春节、劳动节、端午节、中秋节、国庆节等，再如按季节划分的节日，如高考季、开学季、毕业季、丰收季等，都可以成为热点节日，用于借势。

每年高考季，蒙牛必会借此势，开展一次营销活动。在一次高考季，蒙牛联合曲阜三孔景区官方推出了祈福盲盒，为高考学生带来"知识＋营养＋好运"三大祝福。蒙牛借高考季之势，用祈福盲盒的形式将知识、营养、好运关联起来，给用户带来了十足的新鲜感，同时暖心祝福也给受众带来了品牌温度，一经上线就吸引了大众的关注和热议。

要点提示：

借热点节日引流，需要掌握以下两个要点。

①相关联

借热点节日引流，需要保证节日与品牌特点相关联，才能更好地突出品牌特点，产生好的引流效果。

②有温度

热点节日本身就自带"温度"，更容易引发情感共鸣。如果能在借热点节日引流的过程中增加情感色彩，则无疑是点睛之笔，能使品牌价值最大化，吸粉引流自然水到渠成。

3. 借"热点话题"之势

热点话题本身就自带流量。对于品牌来讲，能够激发人们热烈讨论的话题，只要驾驭得当，往往能在短时间内引爆流量。微博、百度、头条、微信群、朋友圈等，这些都可以成为挖掘热点话题的渠道。在热点话题的基础上阐述观点时附带自己的品牌，就可以达到借"热点话题"引流的目的。

每年春节买票是摆在游子面前的一道难题。同程旅游在春节过年前，发布了一则视频广告，讲述了关于买票的那些颇具温情的事。很多游子看了这个视频后产生了情感共鸣，也将同城留在了记忆当中。显然，同城借助热点话题为自己做了一次很好的营销。

要点提示：

借热点话题引流需要明确以下两点。

①融入情感和利益

情感是最能撩动人心的东西。品牌要想通过热点话题达到理想的传播效果，一定要在话题中融入能够从内心最底层打动受众的情感。一个好的话题往往要站在受众的兴趣点，而且必须与受众的"利益"与"情感"产生关联。能够触动受众心弦的利益或情感，才能调动其互动和分享动机。

②要有互动性

如果话题没有形成互动，话题就难以为继，也难以实现在广大用户中不断传播，更难以达到引流的目的。因此，热点话题没有互动性，只能说是品牌在"自嗨"。

热点信息本身就具有被人讨论的潜质。品牌在制造热点话题时，一定要充分考虑用户的参与感，只有达到人人参与讨论的境界，才能使你的品牌随着话题的热度而传播，这样才能成功吸粉。

【案例分享】

唯品会巧借热点话题引爆流量

唯品会在春节前夕推出了一部微电影《幸福就是在一起》。

这部微电影讲述了一个年迈的老父亲大费周折地去专业网点办理了网卡，买了最清晰的智能电视机，因为女儿和外孙曾说"信号不好""外公家没网"，而老人只想让女儿和外孙能在家多待几天。

剧中那一句"我们的一句随口说说，就是父母的大动干戈"让多少人泪目。

这样的句子让人记忆深刻，感触颇深，也因此激发了广大受众踊跃分享，并形成互动，使得好友之间、同事之间、兄弟姐妹之间产生热烈的话题讨论。而这也为唯品会做了一次很好的宣传，赢得了不少新用户。

案例点评

唯品会巧借"热点话题"之势，将"春节""购票""回家团聚"等热点话题的相关内容融入自己打造的微电影当中，还在微电影的内容中找适当的时机切入"置办年货"，与自身电商品牌相契合，让消费者一想到"春节""购票""回家团聚"这类词时，就想到唯品会，为自身扩大了流量。

此外，唯品会还将"父母的爱"这类极具温度、能够引起受众情感共鸣的话题融入微电影当中，充分将话题卷入消费者心智，能够引起受众的广泛关注和大范围传播，为唯品会引爆了流量。

第 14 计
扣人心弦：塑造价值，占据心智

在成千上万的品牌中，品牌形象决定了消费者的辨识度，品牌所体现出来的价值则决定了与消费者之间的关系。强势品牌之所以能够存在，并拥有庞大的用户规模，就是因为它可以为消费者创造价值，带来更大的利益。

如今，塑造品牌价值的目的就是占据受众心智。换句话说，受众之所以为品牌动容，愿意成为品牌的粉丝，是因为品牌为自身所塑造的价值与受众的价值观相契合。可见，塑造品牌价值是有效的吸粉利器。

【计谋释义】

当代作家、诗人魏巍所著的《东方》第二部第七章中有一句话："据说这人最不爱讲话，但那天的几句话，却是那样扣人心弦，感动得自己当时流下了眼泪。"扣人心弦之用事物深深牵动人心，或因感动而引起内心强烈共鸣。在品牌吸粉引流的过程中，同样可以用到扣人心弦的策略。

吸粉引流即吸引粉丝和流量，是指通过某种方式将粉丝和流量吸引过来。吸粉引流的核心就是"吸引"，而粉丝和流量是得到的结果。所以，吸粉引流的关键在于"吸引"的方式与方法。

很多时候，品牌为了更好地达到吸引粉丝和流量的目的，就会紧扣消费者的价值观塑造品牌价值，以此来得到受众的认同。有认同力才有品牌力，才有强效的吸粉引流能力，受众才愿意死心塌地地追随品牌。

【运用要点】

如何运用扣人心弦策略塑造品牌价值呢？

1. 故事塑造品牌价值

人类与动物最大的区别就在于人类可以利用语言讲很多或是感人至深，或是惊心动魄的故事，并使人信以为真。好故事可以传千里。一个耐人寻味、感人至深的故事，尽管其有时是真实的，有时是夸张的，但往往能够从古至今流传千年。这一点，很多品牌已经开始利用讲故事的方式来塑造品牌价值。借助讲故事的方式，品牌只需要找一个具有故事性的话题进行深度和广度的延伸，就可以创造出一个动人的故事，从而达到惊人的吸粉引流效果。

依云就是一个非常善于为自己打造品牌故事的品牌。依云品牌有一个浪漫的传说。据说，在1789年，一位法国贵族患上了肾结石。当时，流行矿泉水疗法。一天，这位贵族路过依云小镇时，取了一些当地的泉水饮用。没想到，一段时间后，他的肾结石竟然奇迹般地排出去了。

就这样，依云是"神水"的消息就一传十十传百。很多人也慕名前来依云小镇取水，体验其神奇之处。

1864年，消息传到了拿破仑三世及其皇后那里，而且二人对依云镇的矿泉水情有独钟，便为小镇正式赐名为"依云镇"。

借助这个传说，依云向消费者表达了自己"天然、健康、纯净"的品牌理念。这一品牌理念与当下消费者追求的健康、绿色、天然的需求非常契合。

要点提示：

借故事塑造品牌价值来吸粉需要做到以下两点。

①要和用户站在一起

这里所说的"要和用户站在一起"，实际上就是指品牌在讲故事的时候，一定要走群众路线。换言之，就是一定要站在受众的立场上，从与受众的切身利益相关的角度出发，这样的故事才更容易吸引广大受众继续聆听你的故事。

②体现品牌精神

讲品牌故事不但要讲清楚品牌的来历，更要表达出品牌的精神、品牌的内涵和价值。好的品牌故事是与消费者价值观之间建立连接的桥梁，能够使消费者受到感染或冲击，使得消费者愿意"从一而终"。

2. 文案塑造品牌价值

借助文案塑造品牌价值也是品牌常用的方法。文案通过文字的形式把一个品牌的理念、价值观传输给一群人，并在这群人的头脑中留下一颗种子，这颗种子促使受众成为消费者去购买产品或转发，即让消费者有所行动。这样，品牌价值也就得以成功塑造。

俏皮宝宝纸尿裤有这样一则文案："有谁比妈妈更能摸清宝宝的底细？"

这则文案一语双关，且意味深长：一方面，这个世界上，妈妈是最了解宝宝的人；另一方面，俏皮宝宝纸尿裤穿着舒适、健康，更加懂得宝宝的感受。这种俏皮、温馨而又蕴含深意的文案不仅充分展示了品牌价值，还博得了众多年轻妈妈的会心一笑和共鸣。

要点提示：

文案写得好，吸粉引流才能做得好。那么，用文案塑造品牌价值需要做好哪些事情呢？

①明确受众主体

在写文案的过程中，一定要充分考虑目标群体，即谁是文案阅读的主体。主体越明确，针对受众主体打造的文案吸粉引流越精准，效果越佳。

②引起受众共鸣

文案本身具有强社交力。在写文案的过程中，还要明确文案是否能迎合受众主体的价值观，是否能引发这个群体的共鸣，促进传播。

【案例分享】

女装店靠文案传递品牌价值吸粉引流

这是一家女装店的文案。

身材不好、穿衣服难看怎么办？并不是每个女人天生一副魔鬼身材，为什么有些身材一般的女人每天也能打扮得光彩照人呢？原因就在于这些女人懂得服装搭配技巧，懂得服装线条与身材之间的关系，懂得服装线条对于视觉的影响。掌握这些秘诀，你也可以很好地掩饰身体某些部位的不足，突出优点。所以，美女其实都是精心装扮出来的。

案例点评

不管你的文案宣传了什么，其本质宣传的都是受众的弱点。尤其是女士，往往喜欢比美，喜欢炫耀自己的美。这篇文案从女性嫉妒、张扬的个性入手，制造导火索，让用户产生情感共鸣。同时，还将女性天生所具有的特殊的人性弱点与自己品牌的定位进行连接，最后给出解决方案。如此步步为营，充分体现了品牌的价值，更好地达到预期的引流目的。

第 15 计

动之以情：以理服人，以情动人

当今互联网时代，人们获取信息的方式呈现多元化的特点。对于品牌来讲，吸粉引流变得越来越难。于是，越来越多的品牌开始打情感牌，试图动之以情，用情感打动人心。

情感是人与人交流的基础，也是唤起人情味的关键，情感也是用户和品牌之间的纽带。如果能够将情感融入营销过程中，品牌将会赢得更多的粉丝和流量。因此，动之以情是一种极具智慧的吸粉引流手段。

【计谋释义】

当代作家高阳所著的《胡雪岩全传·平步青云》上册中写道："随便他如何导之以理，动之以情，一个只是不肯松口。"

将动之以情策略应用到品牌吸粉引流的过程中，则让营销活动变得充满温情。一个品牌只有充满了情感感染力，才能赢得消费者的芳心。

在品牌营销的过程中注入关爱、真诚、友谊、快乐、自由、骄傲……才会使品牌楚楚动人、风情万种。这些情感无不震撼着每个人的内心，自然能够在消费者心中产生情感共鸣。

从情感入手打动用户，占领用户的情感高地，这一策略通过品牌与受众之间的情感交流，构建情感关系，使得受众与品牌之间的距离拉得更近。更重要的是，动之以情策略通过低成本情感投资就可以换来用户的忠诚度，是一种非常值得一用的吸粉引流方法。

【运用要点】

如何运用动之以情策略吸粉引流呢？

1. 在产品设计中融入情感

当前，消费思想与需求已经不再是单纯的产品功能层面，而是已经逐渐转向情感化。品牌打情感牌的重要性显得越来越重要，将情感因素融入产品设计中是品牌吸粉引流的有效方法。

在产品设计中，融入消费者的情感需求能够提升产品的附加价值，给人们带来更多的愉悦感和认同感，从而使得受众"路转粉"。

产品设计融入情感，可以从以下三个方面入手。

（1）本能层

爱美之心，人皆有之。这是每个人的本能需求。在产品设计的过程中，融入一些符合大众审美情趣的元素可以给用户带来别出心裁的视觉效果。并且在奇特造型、明亮色彩搭配下，产品显得更加人性化，令人在看到产品的第一眼就感到无比快乐。

要点提示：

在产品的本能层设计中融入情感时，要保证能够产生即刻的情感效果，即用户在看到产品的第一眼时内心就能产生情感变化。

（2）行为层

相比较而言，人们更加喜欢操作简便、更具人性化的产品。因此，在产品设计时，充分考虑产品操作的合理性与易用性，让人们轻松愉悦地使用产品，获得全新体验的同时还能收获乐趣。这也是产品情感化设计所体现出来的人文情怀。

传统的平面插座基本上千篇一律，一根线拖着一个插座。虽然可以解决基本用电需求，但这种插座不但占空间，还存在某些设计不合理之处，使得插座的插孔不能得到最大化使用。

公牛打造的小魔方 USB 插座则打破了传统平面插座的刻板印象，给人们带来了不一样的使用体验。首先，小魔方 USB 插座形状类似于魔方，在小小的空间上设计了尽可能多的插孔，能满足不同插口的需求，更使得每个插孔都能得到充分利用。另外，这款插座外形小巧，便于携带。

公牛小魔方 USB 插座全新的造型设计给人眼前一亮的感觉，其人性化设计充分考虑了产品的合理性和易用性，给用户带来了与众不同的使用体验，让人在看到它的第一眼就能喜欢上它。

要点提示：

在产品的行为层设计中融入情感时，要注意产品的人文关怀设计要容易被受众所理解。只按照品牌自己的想法和感受去做情感设计，而不顾及消费者的感受和理解与否，这样的情感融入是失败的。如果消费者无法理解或产生误解，不但不利于品牌吸粉引流，反而会给品牌带来不好的影响。

（3）反思层

消费者长期追逐一个品牌，不仅是因为这个品牌的产品品质无可挑剔，更重要的是产品能够更好地展示出自我形象与社会地位。这就是产品所带来的反思情感价值，即炫耀感与骄傲感。

要点提示：

在产品的反思层设计中融入情感时，要站在消费者的立场上，从消费者的情感诉求出发，以满足消费者情感需求为目标。找准靶心，才能弹无虚发。

2. 在价格设定中融入情感

消费者对于价格的敏感度不亚于对产品品质的敏感度。产品价格是否亲民直接影响品牌的流量。因此，品牌在制定价格的时候一定要充分站在消费者的立场上，分析消费者心理，包括荣誉感、满足感、情感需求等，同时还要考虑消费者的购买能力。这种基于消费者情感立场上的产品价格就是一种情感价格，使得品牌更能俘获消费者的心。

市场上，情感价格的类型主要有三种。

（1）预期价格定价

预期价格定价是按照大多数消费者对商品的心理价格进行定价。消费者购买商品时，如果价格高于他们的心理预期价格，就会认为品牌"店大欺客"；如果价格低于他们的心理预期价格，他们就会对品牌产品产生怀疑。所以，按照预期价格定价，能够很好地满足消费者的心理预期。

充分考虑消费者的心理感受进行定价，使消费者因为情感上的倾斜而对品牌喜爱有加，这对于培养用户忠诚度有着特殊的作用。

（2）让利作价

让利作价是品牌将一部分利润拿出来，通过降低商品价格让利于消费者。这种定价方法使得受众看到了品牌的真诚，与那些高价宰客的品牌形成鲜明的对比。

（3）折扣让价

折扣让价是品牌以一定的折扣价格对消费者实行价格优惠，使得消费者因为对品牌的感激之情而与品牌建立更加牢固的客户关系，直接从普通用户升级为品牌的忠实粉丝。

要点提示：

以上三种定价方式都以消费者的内心感受为基准点，以激发消费者情感为目的进行定价。但无论哪种定价方式都要保证定价的可控性，让受众"垫脚"才可以拿到。

通俗来讲，就是要想办法给受众制造一个门槛。这个门槛难度不要太大，目的是让受众在心里衡量这个价格是否值得购买。有了这个门槛，受众在以这个价格买到产品时，才会有成就感和满足感。

3. 在服务中融入情感

人都是情感动物，在服务中融入真情实感可以产生让消费者对服务动之以情的效果。为消费者提供超预期服务，让消费者感受到细致入微的个性化服务，能够给消费者带来意想不到的惊喜，让他们因此而爱上品牌，成为品牌的忠实粉丝。

要点提示：

品牌为消费者提供的服务中融入情感，要以用户的情感触发点为基准。

用户之所以选择一个品牌，很大程度上是因为这个品牌能够为其提供满足其情感诉求的产品或服务。需要注意的是，在为消费者提供服务中融入情感时，要以用户的情感触发点为基准。然后围绕这个情感触发点，通过细致入微的服务给予用户情感回应。这将很好地提升用户的满意度，增强用户的黏性，延长用户的生命周期价值。

4. 在广告设计中融入情感

广告本身就是品牌吸粉引流的利器。感性诉求广告则更能迎合消费者并吸引消费者。

通俗来说，感性诉求广告就是情感广告。

情感广告中的"情感"可以是道德感、价值感；可以是亲情、友情、爱情；可以是博爱之情，如民族之情、爱国之情、公益情感等；可以是人们真情实感的流露，包括喜、怒、哀、乐、忧、思、悲、恐；也可以是自由、个性、品位、怀旧、安全、健康等。这类情感广告能勾起人们内心深处情感的变化，给人以温暖、温馨、愉悦的心理感受，引发人们情感上的共鸣，更容易使受众主动成为品牌的粉丝。

一提到南方黑芝麻糊，很多人的脑海里就会浮现出"一听到黑芝麻糊的叫卖声，我就再也坐不住了……"这段经典台词。

南方黑芝麻糊在早期进入市场的时候，凭借这段家喻户晓的广告词迅速占据了市场。与此同时，南方黑芝麻糊"一股浓香，一缕温暖"的概念，使其所传递的温情和关爱之情得到广泛传播并深入人心。

要点提示：

感性诉求广告是基于人类感情而设计的广告，要想使感性诉求广告达到预期的吸粉引流效果，必须遵守以下两个原则。

①真实性

无论在广告中融入什么样的情感，都应当遵循"真实"原则。说实话，抒真情，品牌广告才具有生命力，才会真正赢得受众的心，才不会被受众反感和排斥。

② 具象性

虽然是在广告中融入情感，但情感的激情宣泄又需要在一定的理智控制下进行。只有这样才能将浓烈的情感具象化，以更加有意义的形式展现给受众。

【案例分享】

华为凭情感营销圈粉无数

专注于全球领先信息与通信技术领域的华为，是一家真正懂得将情感植入用户心智中，以情动人，吸粉引流的品牌。

父亲节是一个向父亲表达爱与感激的日子，这一天每个人对父亲的爱意和情绪一触即发。每年父亲节，华为都会发起一场传播父爱的品牌情感营销活动，希望给予中国男性最朴实的情感关怀。华为通过这种动之以情的方式获得最大限度的品牌曝光的同时，也得到了消费者的认同，因此圈粉无数。

为了做好情感营销，华为提前打造了以"平凡的超级英雄"为主题的片子。在片子一开始，就提出一个问题："你觉得你有超能力吗？"接着是三段有关父子、父女关系制造的戏剧冲突。之后，在"当了父亲你就知道了"这句话响起时，情感达到了高潮，成为这个片子的点睛之笔。

在一次父亲节前，华为在社交媒体上大面积推出这部充满诚意的走心的片子，同时华为也在用自己的方式致敬父爱、感恩父爱。很多人看了之后都会感同身受，想起自己和父亲的种种，也明白父亲才是天底下的"平凡的超级英雄"，使得消费者感受到品牌的质感和温度。此外，华为还将营销战线延伸到了线下，在全国重点门店里播放"平凡的超级英雄"视频，力求将情感营销的效果达到最大化。

这一短视频在社交媒体和线下门店一经发布，便吸引了众多用户的围观，华为也因此实现了流量和销量的双赢。

案例点评

华为推出的情感营销活动，即父子、父女系列的戏剧冲突短片，作为品牌传播的情感支点，触动了人们深藏于心底的最真挚的感情，撬动了品牌与受众之间的互动，也将品牌形象很好地根植于用户心智当中，让用户感知到华为不仅是一个有温度、有感情的品牌，更是一个真正懂得用户的品牌。这也是华为能够圈粉的原因之一。

第 16 计
假手于人：粉丝代言，口口相传

品牌长久的生命力源自不断地吸粉引流，为品牌注入血液。当品牌没有找到很好的流量突围方式时，借助已有粉丝的力量用粉丝代言的方式，向广大受众口口相传，也可以为品牌拉拢庞大的消费者群体并使其成为品牌粉丝。

足见，借助粉丝之口，可以帮品牌获得更多的客源。

【计谋释义】

三国西晋时期的史学家、医学家皇甫谧在《烈女传》中有这样一句话："今虽三弟早死，门户泯绝，而娥亲犹在，岂可假手于人哉！"其中的"假手于人"，就是指利用别人来为自己办事。

假手于人这个计策，在古代军事策略中使用的频率较高，主要体现在善于利用第三者的力量来达到自己取胜的目的。其实，在商业领域也可以借助这一计策达到为品牌吸粉引流的目的。

俗话说："顾客就是上帝。"消费者是品牌活下去的因素，有了消费者的支持，品牌才能长远发展。品牌除了直接用一些营销手段为自己吸粉引流之外，还可以借助第三方之力来实现这一目的。

粉丝是品牌的护城河，护城河的宽度决定了品牌生命的长度。

什么是"粉丝"？粉丝是品牌忠诚度较高的追随者。尤其那些"死忠粉"，已经将自己看作品牌的一员，自愿为品牌的发展发光发热，为品牌引流、变现作贡献。当具有相同爱好、需求、消费习惯的消费者"抱团"后，就形成了一个粉丝团。

如今，对于品牌来讲，这些粉丝团在营销过程中同样具有十分强大的力量。一个拥有雄厚粉丝基础的品牌，相当于拥有了庞大的免费品牌传播资源。品牌可以利用这些规模庞大的粉丝资源为自己"打江山"，使自己的护城河向着更加宽广的方向拓展，为自己带来更大的财富和名利。

【运用要点】

借助粉丝的力量吸粉引流，首先要让粉丝感到品牌的诚意，使粉丝发自内心地愿意与品牌站在一起，进而才能愿意为品牌引流。具体操作方法如下三个。

1. 与粉丝做朋友

很多企业认为自身与粉丝及用户之间是一种利益敌对关系，因此往往将粉丝和用户当作自己的盈利工具。这种思维模式下，企业永远难以获得"死忠粉",永远难以积累老客户。

但如果企业能够敞开心扉,与粉丝面对面交朋友,用自己的实际行动来"感化"粉丝。这样粉丝必然能感受到企业的真诚,与企业之间的距离越来越近,进而愿意主动为品牌免费做宣传。

品牌如何与粉丝做朋友呢?有如下两种方法。

(1)与粉丝互动

人与人之间的情感是通过交流和互动而变得越来越亲厚的。品牌经常与粉丝互动,可以增加与粉丝之间的亲密度。与粉丝互动的方式有很多,如线上摇一摇、会员签到、积分累计换购、幸运大转盘、拆包有礼、晒单有奖等,对粉丝进行物质上的奖励,进而刺激粉丝参与,通过一起玩来提高粉丝的活跃度。

(2)将自己真实的一面展现给粉丝

人与人之间只有彼此信任才能建立更进一步的关系。品牌与粉丝之间同样如此。如果品牌能够借助各种媒体渠道,如微博、微信公众号等,将自己的真情实感展现给粉丝,就能够在粉丝面前树立更加真诚、真实的人设,粉丝也会更愿意与品牌亲近,成为品牌的朋友。

要点提示:

品牌与粉丝做朋友,要注意与粉丝互动、向粉丝展示真实的一面,但要掌握好互动以及展示频率。互动过于频繁,会打扰粉丝的正常生活;过于低频,久而久之会让粉丝逐渐淡忘了品牌。

2. 为粉丝谋利益

如果品牌一味地从粉丝和用户身上谋取利益,不顾长远发展,那么粉丝将不再"粉"你，品牌将会失去能够自发传播品牌的强大支持者。因此，这种做法最终只是竭泽而渔。

在当前这个市场竞争异常激烈的时代，得粉丝者得天下。品牌为粉丝真正谋取利益才能更好地赢得粉丝的芳心，而粉丝也会心甘情愿地为品牌做代言，给品牌带来更多流量。

品牌为粉丝谋利益的方法有两种。

（1）给粉丝带来情感上的利益

粉丝之所以能够成为品牌的粉丝，关键在于情感方面的认同。一旦在情感上产生了认同，粉丝就会"不理性"，甚至"无条件"地喜欢或爱上品牌。所以，品牌关键要从情感上去征服粉丝，给粉丝带来情感上的利益，比如尊重感、存在感、归属感等。这些情感上的利益是很少有品牌能够给予的，也是很多品牌粉丝所无法享有的。对于粉丝来讲，无异于在情感方面收获了来自品牌给予的利益。虽然不是实体利益，但却高于实体利益所包含的意义和价值。

（2）给予粉丝实用性的利益

实用、普惠的利益，对于粉丝来说是最好的、最能让他们直观感受到的利益。所以，品牌向粉丝提供可以看得到的、接触得到的物质方面、价值知识输出方面的实用性利益，粉丝会更加乐于接受，会对品牌产生更好的印象，会更加死心塌地地爱上品牌，向自己的亲朋好友分享和宣传品牌。

要点提示：

品牌为粉丝谋利益，无论通过哪种方式为粉丝带来利益，都要确保以下两点。

① 利益是粉丝真正需要的

品牌给予粉丝的利益要与粉丝真正需要的利益、与粉丝的价值观对等相符，这样品牌抛出的"橄榄枝"才能真正奏效。

② 粉丝能够真切感受到利益

一个人对另一个人的好只有让对方知道，他所做的一切才有价值。品牌也是如此。为粉丝谋利益，还需要让粉丝真切地感受到利益，感受到品牌对他们的好，粉丝才会真心感激品牌，发自内心地为品牌做宣传，回报品牌。若品牌为粉丝谋利益，粉丝却浑然不知，那么品牌所做的一切都毫无意义。

3. 邀请粉丝参与品牌运营

邀请粉丝参与品牌运营是品牌营销的一种重要方式。因为邀请粉丝参与品牌运营，不但可以加强品牌成长建设，还可以加强粉丝的参与感和荣耀感。虚荣心是人的天性。在粉丝带着虚荣心向好友炫耀他们的这种荣耀感时，间接地也为品牌做了很好的宣传。

品牌邀请粉丝参与品牌运营，要着重掌握以下三个方法。

（1）邀请粉丝为品牌产品做创新性设计

可以通过发起活动的方式，邀请粉丝为品牌产品做创新性设计，使粉丝产生一种强烈的归属感，同时也为自己能够被邀请做产品创新设计而产生一种荣耀感，可以有效增强粉丝对于品牌的黏性，也使得粉丝更加愿意为了品牌举办的一切活动"赴汤蹈火"。

（2）邀请粉丝做产品内测

用户是产品最终的使用者，他们对新品的优点和缺陷更有发言权。

而粉丝作为对品牌关注度、忠诚度、认知度更高的人群，让他们站在用户的立场上进行产品内测，能够第一时间接触到品牌最新上市的产品，这样的优先使用权是花钱也买不来的，对于粉丝来讲无疑是别人羡慕不已的福利。能享有这样的特权，粉丝自然更愿意分享给他人，以作炫耀。

（3）为品牌开展营销活动出谋划策

通常，那些为品牌开展营销活动出谋划策的人是企业中广闻博记、才华出众的营销精英，能够有机会与这些人才比肩是粉丝至高无上的荣耀。粉丝会更加愿意分享自己这个十分难得且与众不同的经历。

要点提示：

通过邀请粉丝参与品牌运营的方法来吸粉引流，主要掌握的要点是设置参与门槛。如果人人都能参与品牌的产品设计、产品内测、活动策划，粉丝也就失去了参与兴趣，也就不会由此而产生荣耀感。兴趣和荣耀是激发更多人关注品牌的关键。设置一定的参与门槛，才能更好地达到粉丝一传十、十传百的宣传效果。

【案例分享】

小米科技借粉丝之力攻城略地

小米科技在新品上市之前，邀请自己的铁粉进行新品内测。为此，小米科技还专门设计了多种平台和工具，用多渠道的方式收集和分析粉丝的反馈信息。

具体而言，在硬件迭代的过程中，小米邀请米粉一起参与测试，而这个测试的工具就是"工程机"。小米在推出新版小米手机之前，会向极少数米粉推出 beta 版（测试版）手机，即"工程机"，凡是拿到"工程机"的米粉，必须按照小米的要求填写试用报告。

小米论坛专门开辟了一个模块，来收集米粉对"工程机"提出的建议。将所有问题汇集后，工程师会在量产前进行改进。小米手机的改进意见中有三分之一来自米粉。拿到"工程机"的米粉可以选择将其收藏，也可以选择换一台新的量产机。

另外，由于小米"工程机"在市场中投放的数量非常有限，能够拥有一台"工程机"的粉丝会感到非常荣幸。因此，米粉都会在朋友圈或微博上晒一下。这对于企业来讲，毫无疑问是一次有效的产品推广和宣传。

显然，参与产品内测的粉丝除了肩负意见反馈的任务，还承担着品牌宣传的任务。如此一来，作为第一批使用"工程机"的用户，在他们的口口相传下，小米收获了一批又一批的粉丝和流量。

案例点评

借助假手于人策略吸粉引流，创意做得最优、最走心的品牌非小米莫属。

小米手机之所以能够快速崛起，关键是把握住了粉丝的需求和意愿。小米总是能够从细节出发，让消费者都能看在眼里，从而打动消费者，使消费者获得参与感、荣耀感和尊重感。这样的做法使得小米和粉丝建立起了良好、融洽的关系链，引发粉丝主动为小米发声、为小米代言，实现营销的最佳成本转化，小米的品牌口碑也得以在米粉的免费宣传下得以广泛传播，最终成功达到攻城略地的目的。

第 17 计
伺机而动：引发互动，裂变扩散

品牌为了更好地吸引粉丝和流量，经常需要开展一些互动活动。但互动并不局限于所谓的点赞、评论上。互动是品牌与用户建立关系的桥梁之一，其背后隐藏着互动的本质，就是引起对方的关注，并成为品牌的粉丝，甚至达到粉丝裂变扩散的效果。

所以，品牌互动吸粉引流，贵在掌握时机。伺机而动，欲达则达。

【计谋释义】

《周易·系辞》有曰："君子藏器于身，待时而动，何不利之有？动而不括，是以出而有获。语成器而动者也。"意思是君子蕴藏着强大的才能在身上，等待时机的来临而有所作为，还有什么不利的呢？君子有所行动时，绝无障碍，所以一旦行动就必有收获。伺机而动这个策略在品牌吸粉引流的过程中同样适用。

只不过，在品牌吸粉引流过程中，伺机而动中的"动"指互动。

互动是能够拉近与消费者之间关系的桥梁。好的互动方式应以消费者为中心，让消费者感知到"你中有我，我中有你"。在吸粉引流过程中加入互动环节，其目的是更好地满足消费者个性化需求，为消费者提供个性化服务。

伺机而动策略是一种由静至动的状态切换，是品牌静待时机进行互动性突破，而不是一开始就高歌猛进。选择恰当的互动时机，能够更好地为品牌树立良好形象，强化消费者的品牌意识，为品牌培养和建立忠实、稳定的粉丝群，从而达到多对多的口碑传播和增强互动裂变效果的目的。

【运用要点】

优秀的品牌往往会借助好话题、好渠道、好时机与用户互动。那么，如何伺机而"动"呢？

1. 寻找引发用户共鸣的时机

品牌开展营销活动，说一千道一万，就是为了通过吸引用户参与活动达到快速裂变传播的效果，以低成本获客完成拉新留存，从而实现最终商业目标。

寻找能够引发用户共鸣的时机开展品牌互动活动，是增强品牌互动裂变效果的一种有效方法。换句话说，引发用户共鸣是品牌互动营销的关键点。共鸣包括情感上的共鸣和思想上的共鸣。这里的共鸣着重强调的是思想上的共鸣。

人们只有对自己感兴趣的事情不会产生排斥心理。同样，用户也不会排斥自己感兴趣的事情，进而产生积极参与互动的行为。

"品牌周年庆"期间，品牌开展"转发赠送品牌好礼"的活动。因为有"好礼"免费拿，所以能在思想上引发用户"占便宜"的共鸣，能够激发用户将活动信息主动传达给其他不知晓品牌活动的用户。通过这样的互动方法，可以为品牌带来更好的流量快速裂变的效果。

要点提示：

寻找能够引发用户共鸣的时机要注意以下两点。

①选择一些与品牌息息相关的特殊节日

选择一些与品牌息息相关的特殊节日开展互动活动，用户更容易通过互动记住品牌，并成为品牌的粉丝。

②互动活动能为用户带来利益

天下熙熙，皆为利来；天下攘攘，皆为利往。能为用户带来利益的互动活动，如转发领券、转发拿好礼、评价有礼等，更容易激发用户参与其中，为品牌带来更加理想的流量裂变效果。

2. 寻找用户产生好奇心的时机

好奇心人人都有。品牌如果能够趁机抓住用户产生好奇心的时机，与用户进行互动，同样不失为一种明智的吸粉引流方法。

好奇心的作用就是带给用户适当但不过量的信息，如向大众讲一些他们所不知道的内幕或者引发用户提出有关问题等，这些都能很好地激发用户的好奇心，此时就是品牌与用户互动的最好时机。通过内容的输出以及答疑解惑，能够更好地吸引用户的注意，既满足了用户的好奇心，也有利于大众进行传播推广。

要点提示：

寻找用户产生好奇心的时机开展互动活动，要注意以下两点。

①绝大多数人关心的事情

只有绝大多数人关心和好奇的事情，才会吸引更多的人急于知道真相和答案，并迫不及待地传播和热议，将事件舆论推向高潮。

②引发用户好奇心的内容需要与品牌相关

互动的目的就是给品牌带来流量，所以无论什么内容引发用户好奇，内容都需要围绕品牌进行，使品牌或产品信息在最合适的状态触达用户。否则，再能引发用户好奇心的内容，没有为品牌带来实质性价值，也是徒劳的。

3. 寻找用户内容需求的时机

有价值的互动应从深挖用户需求开始。无论做什么，只有抓住用户的需求，才能更好地激发用户参与互动。所以，互动吸粉首先要从用户的需求出发。内容需求也是用户需求的一部分。当用户在内容方面有需求的时候，就是品牌开展互动活动的最佳时机。

此时，为用户提供一些他们喜欢的干货内容，他们如果觉得这些干货对于他们来讲的确有用，自然就会找到品牌服务端口进行咨询互动，也会逐渐在互动的过程中转变成品牌的粉丝。

护肤品牌可以通过抖音、快手等渠道进行干货分享，借助短视频内容吸引一批用户和粉丝。如果用户觉得品牌在短视频中分享的干货内容很有用，就会"路转粉"，品牌也会因此收获一大批精准流量。

要点提示：

寻找用户内容需求的时机开展互动活动，要注意明确细分用户属性。

因为不同属性的用户对干货内容的需求也有所不同，明确细分用户属性有助于品牌在开展互动活动时有的放矢。

【案例分享】

故宫淘宝借软文互动实现流量裂变

故宫淘宝是故宫博物院打造的一个文创品牌。故宫淘宝在电商领域能够快速崛起，并异常火爆的原因，除了其产品品质、创意之外，更重要的一点就在于其成功借助软文形式引发用户互动，实现流量快速裂变的能力。

故宫淘宝曾在其微信公众号上发布了这样一篇软文——《后宫妃嫔最爱的时尚单品测试》。该软文标题就足够给人以新鲜感，让广大用户对在故宫中生活的达官贵人的生活起居、穿衣配饰产生浓厚的兴趣，引发了受众极大的好奇心，并产生强烈的探究心理，进而愿意深度阅读软文内容。

正文开头部分用简洁的语言，让欧美风和中国风形成鲜明的对比，以此方式引入正题——分别从步摇→高底鞋→指甲套→团扇，一一通过颜值指数、实用指数来对后宫妃嫔最爱的时尚单品进行测试。

内容进行到团扇部分时，给出团扇颜值指数五颗星，实用指数五颗星，这就意味着团扇是以上单品中后宫妃嫔最喜欢的一款。此时，正当激起读者的情感共鸣时，顺势推出了团扇销售的相关信息，分别将团扇的材质、图案、优惠价格、售卖时限一一呈现给读者，进一步向读者宣传推广。

整篇文章的阅读量在短时间内累计达到了9万多，也引发了读者的点赞和转发，起到了很好的宣传推广与吸粉引流的作用。

案例点评

故宫淘宝引流吸粉的成功之处在于以下三点。

首先，故宫淘宝推出的软文标题契合了用户的好奇心，通过挖掘鲜为人知的故宫达官贵人的生活起居、穿衣配饰内幕，激起他们的阅读欲望。

其次，在适当的时机植入与自身品牌相关的产品，避免了直接植入内容给用户带来的反感与厌恶。通过在内容中伺机植入品牌产品的方式，让品牌植入变得自然、得当。

最后，受众的好奇心在得到满足之后，更愿意将自己所知道的鲜为人知的东西转发给与自己有相同兴趣、爱好的人。转发互动的过程也就是为品牌做宣传的过程，可以让品牌快速触达精准用户，为品牌带来更多的粉丝和流量。

第 18 计

群分类聚：标签筛选，精准引流

用户引流一直是各品牌和各企业的重中之重，但引流也要明确你的用户群体，盲目引流反而会浪费你的资源，增加工作量和无谓的成本。借助人群标签，可以很好地解决这些问题，还可以为品牌低成本筛选出更多的精准流量。

【计谋释义】

《易·系辞》中有一句话："方以类聚，物以群分，吉凶生矣。"意思是各种方术因种类相同聚在一起，各种事物因种类不同而区分开。群分类聚便是这个意思。

品牌吸粉引流可以借鉴这个方法。为用户贴标签，对于品牌吸粉涨粉大有裨益。用户标签其实就是用户属性。

品牌在吸粉引流之前，首先要明确自己面向的用户是哪些人群，他们具有哪些特点。换句话说，品牌应当首先做好用户定位。只有做好精准定位，才能找到精准用户，实现精准引流。

【运用要点】

如何通过用户标签实现精准引流呢？

1. 进行用户画像

通过用户标签实现精准引流，关键在于用户画像。

什么是用户画像？所谓用户画像，就是尽量全面地对用户年龄、性别、地域、行为习惯、消费习惯、个人喜好、观点等重要信息，做精准的数据描述。

用户画像，就是对用户全貌信息进行标签化、可视化。通过用户画像，可以很好地分析不同群体的各项指标，洞察用户群体的核心特质，还可以还原用户真实需求，从而更好地满足目标用户需求，达到精准引流的目的。

那么，如何进行用户画像呢？

第一步：大数据洞察

大数据洞察的目的是勾勒出用户画像的基础数据。这些数据主要包括两部分。

①静态数据

静态数据是指在一定时间内基本固定不变的数据，主要包括人口属性（性别、收入、学历等）、外在属性（企业用户、个人用户、政府用户等）、消费特征（行为习惯、消费习惯、个人喜好、消费频率、消费观点等）、生活形态（兴趣、活动、意见等）、CRM（即客户关系管理，包括销售、营销、服务等）。

②动态数据

动态数据是指在一段时间内随着时间变化而不断变化的数据，主要包括场景（即用户访问页面，包括访问设备、访问时段）、媒体（即一段时间内用户具体访问的媒体，如资讯类、视频类、游戏类、社交类等）、路径（即用户进入和离开某媒体的路径，可以简单理解为用户的站内和站外行为）三大维度。

第二步：对数据源进行分类

对数据源进行分类，也就是对用户的相关数据进行分类。分类的目的就是将用户进行细致划分，将客户分为高价值用户、中等价值用户和低价值用户。

第三步：为用户行为打上权重标签

每一次的用户行为都可以描述为：什么用户，在什么时间什么地点，发生了什么事情。

权重是指表征指数，即用户的兴趣、爱好指数或者是用户的需求度等，总之可以将权重理解为可信度、概率。

$$标签权重 = 时间 \times 位置 \times 行为$$

第四步：用户画像建模

在前面的准备工作完成之后，就可以利用静态数据、动态数据以及用户行为权重进行建模。通常建立一个模型的时候，人物、时间、地点三要素缺一不可。因为每位用户在某个时间发生的消费行为都具有偶然性和随机性，所以对用户消费行为的描述可以是什么样的消费者，在什么时间什么地点（如某个平台），发生了什么样的行为（如点赞、评论、收藏、关注、浏览、购买等）。

有了用户画像模型，品牌就可以通过用户标签对每一位用户有一个十分清晰、透彻的了解，有助于品牌更加容易地找到属于自己的精准流量。

要点提示：

为用户画像，要掌握的要点就是数据要实事求是。

实事求是是品牌寻找用户真相的唯一法宝。数据可以帮助我们更好地分析表象背后的本质。数据的客观性直接决定着品牌对用户细分的客观性，对精准引流有着至关重要的影响。

2. 寻找精准流量

用户分为两种：一种是现有客户，另一种是潜在客户。品牌引流就是要将潜在客户变为自己的目标客户，最终转化为现有客户，实现精准引流。那么，如何精准找到目标客户呢？就要从贴有权重标签的用户画像的几个关键指征入手。

（1）购买能力

购买能力，即用户完成购买商品所必需的能力总和，如对商品的辨别与选择能力、评价与鉴赏能力、购买决策能力、计算能力、价格接受能力，以及对品牌广告宣传的感知能力、理解能力等。

如果用户标签的这些能力综合水平较高，就意味着这位用户具有较高的购买能力，恰好是你想要的目标用户。

（2）消费历史

从用户画像的消费历史记录中，就能得知他近期买过什么，将要购买什么，以及他对哪方面的产品有一定的需求。如果你的产品正好能满足用户的需求，那么说明客户很可能对你的产品感兴趣，甚至会产生一定的购买需求。由此可以推断，哪些用户是你的潜在用户，并且在未来可能成为你的目标用户。

（3）消费频率

用户画像显示其在某方面的产品消费频率较高，意味着其对这方面的产品有很大的需求，意味着其客户价值就越大。而且你的产品恰好能满足这类高消费频率用户的需求，那么这样的用户就是你要寻找的精准流量。

要点提示：

寻找精准流量需要注意抓住关键点。

合理使用用户画像，为用户打上标签，对品牌找到精准流量来讲可谓一条捷径。掌握了用户画像的流程，也就掌握了精准引流的"钥匙"。但是，我们要从用户画像的关键点入手，这样才能让获得的流量更加精准。

3. 设定个人账号并打造账号人设

想要将精准流量引入自己的"麾下"，还需要创建一个微信账号，以便与引来的精准用户建立有效联系。

之后，还需要对个人账号的头像、昵称、地区等进行设置。此外，为了让用户更好地认识你，还需要在朋友圈发一些与品牌相关的日常以及与品牌相关的内容等。

要点提示：

设定个人账号并打造账号人设时，需要遵循以下两个原则。

① 真实性

头像、昵称、地区设置要注意真实性。越真实，越容易取得用户的信赖，越容易将各个媒体平台上的用户（即公域流量）转化为属于自己的流量（即私域流量）。

②关联性

朋友圈发的内容一定要与品牌相关，这样才能保证内容的价值性与关联性，还不会过于明显地暴露你是品牌方的身份，否则会引起受众的反感。

4. 去公域流量池导流

这里先阐释一下，什么是公域流量和私域流量。

公域流量，就是指一些现有的公共流量平台带来的流量，比如知乎平台流量、抖音平台流量、快手平台流量、淘宝平台流量、京东平台流量等。这类流量掌握在公共平台手中，品牌需要付费才能获得，而且每次引流的时候都需要付费。

私域流量就是指私密区域的流量，如微信群、公众号、QQ群、朋友圈、社群等，这些渠道中的用户，都可以称之为私域流量。这类流量不用付费，品牌可以在任意时间以任意频次直接触达用户。

去公域流量池导流就是将公共平台上具备精准流量潜质的用户导入

只属于品牌的私域流量池中。重赏之下，必有勇夫。用利诱的方法可以有效达到引流的目的。可以通过"关注公众号领红包""入群送现金红包"等方式诱导公域流量池中的用户进行转化。这样，品牌就真正收获了只属于自己的精准流量。

要点提示：

在从公域流量池向私域流量池导流的过程中，要注意借助利诱的方式来引流，要慎重，要根据预算来进行。

【案例分享】

某淘宝商家借用户标签实现精准引流

淘宝上某一服装品牌店是一家新创建的国潮品牌。虽然是新晋品牌，但在运营思维和策略上也颇具创新性。为了在夹缝中求生存，该品牌巧用用户标签的方法成功为自身斩获了一批又一批精准流量。

起初，该品牌商家对淘宝上与自己服装品类相同的品牌用户进行了详细的数据收集、分析。然后，根据静态数据和动态数据做了用户画像，并根据这些用户的购买能力、购买历史、购买频次进行分析后，发现这些用户中有很大一部分用户是年轻用户。他们热衷于国潮风，而且经常在晚上9点之后在平台上浏览一些国潮品牌，包括服饰、日用品等，其购买的产品类型也都是国潮风。于是，该品牌商家就将这些用户视作自己的潜在用户，开展引流活动。

其运营人员首先以个人名义注册了微信账号，每天发布一些与国潮风有关的内容，还会时不时地在朋友圈展示自己的产品。经过一个月的努力，添加了不少淘宝平台上对国潮风服饰感兴趣的用户。通过对微信账号的了解和信任的建立，该品牌商家又建立了自己的微信公众号。之后，品牌商家经常在公众号发布与品牌相关的内容，并在文末附上自己在淘宝店铺的名称，为自己的品牌做宣传的同时，也很好地达到了精准引流的目的。

案例点评

对于不少品牌商家来说，尤其是新晋品牌，最难解决的问题就是流量问题。只靠平台上的自然流量显然没有竞争力，生意难以持续做下去。这家淘宝商家，深谙精准引流的方法，从用户画像入手，然后通过公域流量池将潜在用户引入自己"麾下"，之后再将微信好友向公众号迁移，借助用户感兴趣的内容套牢用户，最后再将用户加以引导，成为进入品牌商家店铺的精准流量。该品牌引流在操作上思路清晰，步步为营，为店铺业绩快速增长带来了精准流量，非常值得借鉴。

第19计
穿针引线：借池引流，互利互惠

如今，流量红利日渐消失，获客成本越来越高。可以说，谁抓住了流量，谁就占领了市场高地。对于品牌来讲，低成本获得十分显著的引流效果是绝佳的引流计策。品牌能够从中撮合与周旋，彼此互利互惠，才是吸粉引流的最高境界。

【计谋释义】

明朝小说家周楫的《西湖二集·吹凤箫女诱东墙》中有一句话："万乞吴二娘怎生做个方便，到黄府亲见小姐询其下落，做个穿针引线之人。"其中，穿针引线比喻从中撮合或联系，使双方接通关系。

如果说产品的好坏是品牌赢得市场的根本，那么消费者的多寡则是品牌竞争取胜的利器。在当前的营销环境下，各品牌纷纷为争夺流量而战，加剧提升了流量的获取成本。与其争得头破血流，不如合作共赢。

穿针引线这一策略，在品牌解决引流难题的过程中能够有效增加品牌流量，提升品牌影响力，实现多方共赢，因此不失为一剂良方。

【运用要点】

品牌应该如何借助穿针引线的方法以低成本为自己赢得更多的流量呢？

1. 流量共享

目前，几乎没有哪个品牌可以做到从衣食住行各方面都满足消费者需求的，即便是目前品牌生态做得较好的小米，也只是在数码、家电、家居、汽车、金融、文娱等产品方面有部分覆盖，也未能达到全品类覆盖的程度。所以说，品牌的私域流量是难以满足用户的所有需求的。

解决这个问题的办法就是多个品牌联合起来，构建一个多品牌的私域流量池，实现私域流量共享。

（1）由谁来促成流量共享

大家都是品牌商，那么究竟由谁来穿针引线促成流量共享呢？谁更适合成为实现流量共享的推动者呢？

①第三方

做穿针引线的事情，第三方最合适不过。这里的第三方，是指那些专门为品牌商服务的技术输出型企业。它们与品牌商之间的关系很好，能够将多个品牌商撮合在一起，实现流量共享。

②拥有庞大规模流量的品牌方

在当前这个流量为王的时代，谁手里掌握了更多的流量，谁就拥有更大的话语权和影响力。所以，那些拥有庞大规模流量的品牌方，也完全可以作为私域流量共享的发起者，将更多的品牌聚合在一起，实现流量共享。

（2）如何实现流量共享

实现流量共享要解决的问题是如何才能使品牌愿意将自己的私域流量拿出来分享？答案就是要找一个能够将多品牌串联、聚合在一起的工具。

① 建通用会员积分体系

品牌为了留住客户，做客户维护时都会搭建自己的会员积分平台。为了避免品牌成本的浪费，可以搭建一个会员通用积分平台，将所有品牌商的会员积分体系打通，让积分真正活起来。能够让积分惠及客户，同时也使其他品牌的会员为自身品牌引流，在为品牌凝聚会员的同时，也为品牌降低风险。

②打造联盟分销系统

分销商可以让品牌拥有更高的曝光概率。如果多品牌的分销商都能加入进来，在谁贡献谁受益的原则下，每一个分销商和每一个品牌都能获益，尤其是品牌商可以借此赢得流量销量双丰收。

要点提示：

私域流量共享，离不开各个品牌博大的胸怀。但在做流量共享的时候，要做到利益平衡。

流量共享的目的是相互引流，大家都受益，大家都达到利益平衡，而不是一方向其他方索取。否则，引流效果会很差。

2. 流量借用

流量借用，就是第三方平台将自己的资源传递给你或者同意鼓励他的客户资源购买你的产品或服务。你一旦获得了这些资源，就相当于拥有了潜在客户，而你需要给予第三方平台一部分利润作为报酬。

举个简单的例子。房地产中介，本身就是一个中间人、中介的角色。他们每天会接触形形色色的客户，有企业大亨，有普通百姓，有各行各业的从业者，有各种产品的需求者。他们所掌握的用户资源往往是很多品牌所没有的，也是品牌最需要的。我们可以通过房地产中介的牵线搭桥，从他们那里把对我们有用的资源引进来，成为自己的流量。

要点提示：

流量借用实现快速引流，需要注意以下几点：

一是你与第三方之间的产品或服务完全不具备竞争性；

二是你并不会夺走第三方的客户，不影响他们的利润；

三是保证会给予他们相应的利润作为回报。

3. 流量互推

流量互推，简单来讲就是彼此将合作伙伴的相关内容推送给自己的客户。彼此之间互利互惠，共谋发展。互推双方因利益而连接，也因为利益而互推。这样做的好处有两个方面：一方面，可以达到短时间内品牌流量资源爆棚的目的；另一方面，以流量换流量，与买广告资源相比，成本更低。

流量互推实现流量裂变的方法有如下两种。

（1）内容互推

内容互推就是品牌在内容中提到对方，将对方曝光在用户面前。这种方法通过穿针引线，为彼此互推引流，简单，直接，效果好。

内容互推有两种形式：

一种是在内容中恰如其分地插入与对方相关的内容；

另一种是在内容素材编辑加工的时候，找一个合适的位置，将对方的内容链接插入，起到为对方引流增流的作用。

某一纸尿裤品牌在公众号向妈妈们传递育儿知识，讲到纸尿裤的甄别、选购知识时，会顺便站在宝妈的立场上，讲解宝宝更换尿不湿不及时或因选购纸尿裤不当导致宝宝屁股出现湿疹时该如何护理的问题。该品牌会在此时附上一个专业育儿医疗健康品牌的公众号，恰到好处地为该医疗健康品牌做了宣传推广，起到了很好的推流作用。

要点提示：

内容互推时需要掌握以下要点：

一是对方的内容要与自己的内容十分契合，既要引起受众的注意，又不能有太过明显的广告嫌疑；

二是找准插入的契机，让植入变得顺其自然；

三是对方内容需要具备真实性、有效性、实用性。

（2）账号互推

账号互推，就是在双方各自的内容中分别提到对方的账号，这样彼此就能为对方牵线搭桥。当用户看内容时，就会注意到对方品牌的账号。

账号互推的形式有以下三种。

①内容中@对方互推

通常情况下，这种互推形式会在内容中@对方的账号名称，以达到为彼此引流的作用。

②文末账号互推

文末账号互推，即在文章末尾，以二维码或者对方账号名称的形式进行互推。

比如，在品牌公众号内容末尾处添加对方公众号的二维码，用户长按二维码就可以跳转至对方公众号，并关注对方。

③评论区互推

评论区也是品牌账号互推引流的重要途径，用得好，可以达到很好的引流效果。

比如，在抖音平台上，经常可以看到有的账号在自己的短视频评论区以"@+合作方抖音账号"的形式为对方引流。

要点提示：

账号互推时需要注意以下几点：

一是要对对方账号进行评估，从其留言量、点赞量、评论量等入手，看其关注用户画像是否与你的一致，如果不一致，则引流效果会不理想；

二是账号互推要注意频率的把控，太过频繁会让自己的用户产生反感；

三是评论区@对方一定要设置置顶，才能将彼此在更多的用户面前曝光。

【案例分享】

快捷酒店与 QQ 音乐互推引流

东呈集团旗下的城市便捷酒店与 QQ 音乐跨界合作，开展了一场寻求流量突围的互推活动。

QQ 音乐具有庞大的公域流量，推出联名音乐睡眠手账[①]——《听我想听，睡好一点》。

城市便捷酒店则聚焦不同人的睡眠问题，为客人提供破解睡眠难题的方案。围绕"睡好一点"这个主题，用诙谐幽默的语言以及可爱生动的原创漫画搭建多元化睡眠场景，再附上一个专用二维码，用户扫描二维码就可以跳转到 QQ 音乐 App 客户端，并听到城市便捷酒店定制的"哄睡互动歌单"中的疗愈音乐。

联名手账和互动歌单一经推出，就被用户在微博、朋友圈等多个社交平台上迅速转发，形成了强曝光和强裂变。全平台曝光量超过 8 393 万

---

① 睡眠手账：即专注于记录睡眠状况的账本。

次，互动总量高达 493 万次。在 QQ 音乐 App 客户端的哄睡歌单播放用户数量超过 6 000 次，吸引众多用户前来城市快捷酒店打卡并进行沉浸式体验。这次互推活动，为 QQ 音乐和城市便捷酒店带来了流量快速裂变，使得双方实现了品牌流量共赢。

案例点评

QQ 音乐与城市便捷酒店围绕"睡眠"这个词，使得音乐与品牌建立了强关联。之后，双方延伸了"用音乐疗愈睡眠"的文化内涵，进行了跨界互推，开启了流量裂变的新思路。

对于 QQ 音乐来说，用户通过扫描城市便捷酒店提供的二维码，在聆听"哄睡互动单歌"的同时，也就自然而然地成了 QQ 音乐的用户。

城市便捷酒店通过多元化睡眠场景，提升了品牌的热度和价值，同时借助 QQ 音乐的推流，将 QQ 音乐 App 上庞大的公域流量引入自己的私域流量池中。

QQ 音乐与城市便捷酒店为彼此推流，实现了流量共赢，达到了 1+1>2 的引流效果。

第20计

化零为整：矩阵引流，多元传播

品牌引流的方式和方法有很多，如果能将这些方式、方法聚集在一起形成一个矩阵，将会为品牌带来多元化传播，使得品牌获得更强的吸粉引流能力。

【计谋释义】

在毛泽东的《抗日游击战争的战略问题》一文中有这样一句话："集中使用兵力，即所谓'化零为整'的办法，多半是在敌人进攻之时为了消灭敌人而采取的。"化零为整，即把零散的部分集中为一个整体。

化零为整其实是一种有效的吸粉引流策略。通过将各种方式方法聚合在一起，构建一个矩阵，形成有机整体。通过矩阵运营，为整个品牌收割流量。这就是所谓的化零为整吸粉引流策略。

"矩阵"原本是一个数学概念，是一个长方形阵列排列的复数和实数集合。在营销学领域，"矩阵"则是指同时打造几个相同的内容账号，如微信账号、微博号、抖音号、快手号等自媒体账号，让账号之间建立联系。多个账号聚在一起形成矩阵，共同发力，全方位做品牌宣传，自然能达到强效吸粉引流的目的。

矩阵引流有以下三个方面的好处：

第一，借助不同内容吸引不同兴趣的人群，可以实现低成本运营，却能达到规模引流的目的；

第二，多个账号共同为品牌做宣传，可以有效放大品牌效应，将品牌核心理念传递给更多的人；

第三，矩阵中的几个成员账号之间可以相互合作导流。

足见，这种化零为整策略引流能力之强。

【运用要点】

借用矩阵化零为整为品牌引流，具体有两种主要形式。

1. 站内矩阵引流

站内矩阵引流，就是在同一个平台上建立两个以上的账号组成矩阵进行引流。比如，几个微信账号组成矩阵，或几个快手账号组成矩阵，为品牌引流。

（1）平行矩阵引流

平行矩阵，即几个账号在等级上是相同的，没有大小号之分。只不过每个账号所负责的内容类型有所不同。

比如，小米科技在抖音上有多个账号："小米公司"是小米科技有限责任公司的官方账号，主要是用颇具情怀的内容来引起用户共鸣；"小米手机"是小米手机抖音官方账号，主要是向受众展现小米手机；"小米官方旗舰店"是小米官方旗舰店的官方账号，主要是通过直播为品牌引流、变现；"小米有品"是北京小米移动软件有限公司的账号，主要是带用户发现有关小米的好东西；"小米之家"是小米之家的官方账号，主要是带用户了解与小米之家有关的产品和日常。这些账号之间形成矩阵，通过不同的细分内容来吸引受众，达到覆盖更多受众的目的。

（2）放射型矩阵引流

放射型矩阵，即一个主账号向多个副账号进行内容辐射。这也可以理解为一个大账号与多个小账号形成矩阵进行引流，主要是通过大账号为小账号背书，达到小账号吸粉引流的目的。

（3）向心式矩阵引流

向心式矩阵引流与放射型矩阵引流恰好相反。向心式矩阵引流即多个小账号流量向大账号的引流方式。

（4）纵深式矩阵引流

纵深式矩阵引流，即在主账号下设立多个子账号，按类别分别发布不同的内容，以达到为品牌全方位吸粉引流的目的。

要点提示：

用化零为整策略进行站内矩阵引流，需要品牌做好精准化运营，不断输出优质内容，才能加快精准吸粉。

2. 站外矩阵引流

站外矩阵引流，即在不同的平台上创建账号，共同构建一个矩阵为品牌引流。

站外矩阵引流的实现方式有两种。

（1）横向矩阵引流

横向矩阵引流，即不同平台上，如品牌在微信、微博、抖音、快手、头条等社交平台上各自创建账号，形成矩阵，为品牌引流增流。每个平台账号都是平等的，没有等级之分。

年糕妈妈是专注于为0~6岁的中国宝宝提供媒体产品、教育产品、优选电商等服务的品牌。为了更好地引流，年糕妈妈打造了年糕妈妈公众号、年糕妈妈商城、年糕妈妈视频号、年糕妈妈快手号、年糕妈妈抖音号等，形成横向矩阵，为整个品牌引流。

（2）纵向矩阵引流

纵向矩阵引流，就是在不同平台上进行生态布局，覆盖平台上的各个产品线，形成纵向关系。如品牌在微信、微博、抖音、快手、头条等社交平台上各自创建账号，将各自账号的流量引导到微信社群当中，达到为品牌吸粉引流的目的。

要点提示：

站外矩阵引流需要注意的是，每个站外账号都应当小而美，内容都应当围绕品牌的专注点进行，以便实现精准吸粉。

【案例分享】

格力电器打造账号矩阵全方位引流

珠海格力电器股份有限公司（以下简称格力电器）成立于 1991 年，是中国的一家集研发、生产、销售、服务于一体的家电企业。如今的格力电器已经走出国门，走向全世界，已远销 180 多个国家和地区，成为一家知名的家电企业。格力电器仅家用空调市场占有率连续 17 年稳定保持全球第一，5 亿用户共同见证"格力造"的领先科技和卓越品质。

格力电器的成功，除了过硬的产品品质之外，还在于其善于使用高效的营销手段。打造账号矩阵全方位引流，就是其中之一。格力电器深谙化零为整的谋略，熟练应用矩阵引流技巧，吸引散落在各个角落的流量用户。

以抖音、快手平台上打造的矩阵账号为例。为了全方位吸粉，格力电器在抖音平台上有多个账号，如"格力明珠精选""格力官方旗舰店""格力电器""格力明珠空调直播间"等多个账号。在快手平台上，格力电器的账号有"格力董明珠店""格力官方旗舰店""格力空调旗舰店""格力电器"等。

格力电器不仅在同一平台上打造账号矩阵，还通过不同平台的账号形成异平台矩阵。所有这些账号都是通过"格力电器"这一账号衍生和发展起来的，与"格力电器"共同构成矩阵，实现吸粉引流效果最大化。

案例点评

格力电器通过主账号与子账号构建矩阵，向受众传授各种电器的相关知识和操作经验。这些知识和经验，往往是受众最需要了解的生活小常识，对他们的日常健康管理、节能减耗有很大的帮助。因此，格力电器为大账号，与其他小账号形成一个矩阵，并为小账号背书，抓住了广大受众的需求，同时也很好地迎合了受众需求，由此打开了强效吸粉引流的大门。

第 21 计
围魏救赵：打通圈层，开疆拓土

许多人觉得引流难，其实不然。有人认为引流难，是难在了自我认知上。传统的引流思维认为引流就要直捣黄龙，但往往在操作过程中因为诸般阻碍而受挫。只要善于改变认知思维，采取迂回战术，同样可以在吸粉引流时取胜。

【计谋释义】

《史记·孙子吴起列传》中记载的齐魏桂陵之战讲的是公元前354年，魏国要攻打赵国都城邯郸。赵国向齐国求救，齐王任命田忌为统帅、孙膑为军师，前去援救赵国。田忌原本想直接率兵与魏军决一死战。但孙膑故意放出话去，表示要在魏国攻打赵国之际，趁魏国国内空虚去攻打魏国。实则田忌带领齐兵，在魏军回魏国的必经之地桂陵一带设下埋伏，拿下了因长途跋涉而筋疲力尽的魏军，也因此解了邯郸之围。这就是著名的围魏救赵。

《三十六计》中的第二计就是围魏救赵，原文为"共敌不如分敌，敌阳不如敌阴"。主要意思是集中兵力攻打敌人，不如分散敌人的兵力而后逐个击破；正面攻击敌人，不如迂回攻击敌人空虚薄弱的环节，达到克敌制胜的目的。

围魏救赵不但可以用于战场，还可以用于商场。如果用得好，同样能产生很好的营销效果。圈层营销就是典型的围魏救赵。

圈层营销其实就是将目标用户按照兴趣、爱好、性格、品位特点等分割为多个圈层，通过对不同圈层的用户提供有针对性的价值输出，以此做精准化营销。然后将不同圈层逐个击破，使其成为品牌粉丝，达到开疆拓土的目的。

在这个"人以群分"的时代，圈层经济变得越来越重要。在圈层内进行互动、内容输出，所获得的流量才是最快速、最精准的。

【运用要点】

圈层营销应该如何操作才能实现吸粉引流呢？

第一步：找准圈层

虽然同是消费者，但每个人的生活习惯、生活方式、兴趣爱好、性格特征等有所不同，所以不同的人会根据这些特点走在一起，形成一个特殊的群体，共同组成一个圈子。这就是社群。不同的社群构成了不同的圈子。

社群里存在着社交关系链，大家不仅有相同的需求、爱好，而且还有稳定的群体结构和较一致的群体意识。如果社群中的某一个成员发现了一个好的产品、好的品牌，自然会凭着群体意识，向社群内其他用户做价值分享，从而为品牌做很好的用户积累。

品牌在借助圈层营销吸粉的过程中，首先要做的就是找准圈层群体，充分研究消费人群的生活习惯、生活方式、兴趣爱好、性格特征等，细分出品牌的圈层群体。

要点提示：

消费人群的需求越来越垂直化。品牌要借助圈层营销吸粉，就必须使圈层定位与品牌定位一致。这样，品牌在之后为圈层提供产品、服务和附加价值才能够更好地迎合圈层用户，给用户带来好感的同时，赢得用户的芳心。

第二步：挖掘圈中领袖

每个圈子中都有在某方面具有特殊技能、知识以及其他特质的人，这类人往往是群众眼中的权威人士。他们总是因为其极强的专业能力、颇有见地的观点而让人信服，他们被称为"意见领袖"。他们的一言一行、一举一动都起到了领头羊（意见领袖）的作用。

可以从社群中挖掘出这样的核心人物，邀请他们辅助品牌开展一些营销活动，通过其影响力吸引圈中其他成员转化为品牌粉丝。

要点提示：

意见领袖作为圈子中的领头羊，起到带头作用。只有找准、找好意见领袖，才能为品牌做好品牌宣传，带来理想的流量。

第三步：渠道传播品牌

品牌做宣传和推广，需要借助一定的渠道才能完成。品牌可以在圈层日常获取信息的平台上，利用意见领袖的影响力向圈内其他成员灌输信息，强化信息传递，让圈内目标客户更好地认识和了解品牌。

要点提示：

由于每一个目标圈层获取信息的来源有所不同，品牌就需要根据目标圈层获取信息的来源渠道，有针对性地进行营销推广。这样可以有效降低成本，实现品牌传播效果的最大化。

第四步：活动聚集人气

不同阶段，目标圈层的生活模式和心理需求会随之发生变化。所以，品牌要在不同阶段根据圈层特点组织开展有针对性的营销活动，目的是将那些不太活跃的圈层用户唤醒，并让那些忠于品牌，甚至愿意自发组织品牌活动的用户积极参与进来，帮助品牌分享到其他圈层当中，通过涟漪效应，扩大品牌流量规模。

要点提示：

利诱手段永不过时。要想更好地唤醒沉睡用户，激发圈层用户自发参与品牌活动，需要输出对用户有价值、能给用户带来利益、能对用户成长有所帮助的内容。

第五步：用户维护

打江山容易，坐江山难。收割流量并不意味着用户会永远和品牌在一起。如果一时的活动之后就悄无声息，最终聚集的人气还会散去。这样的流量没有凝聚力。所以，圈粉后，还需要品牌充分做好粉丝维护工作。

要点提示：

用户维护要把握频次和效率。不能为了数量而不要质量，也不能一次维护后就没有了下文。圈子用户的维护是一个长久的过程，只有和用户构建深层次且牢固的关系，才是成功的"围魏救赵"。

【案例分享】

小米科技圈层营销引爆关注

当前，人们开车出行会遇到不少痛点，如电车担心续航问题、燃油车担忧成本问题、长时间开车太过无聊、长时间乘坐舒适度不够……

面对这些痛点，小米科技深入米粉科技圈层，洞察消费者的真实用车需求，进行技术创新，实现了"不用充电的电驱技术"，并将这一突破性技术应用于东风日产轩逸电驱版 e-POWER 的研发上。这也成为小米科技创新过程中的一大核心优势。

为了抢占用户的注意力，为品牌带来更多的推广机会，小米科技寻求与品牌更加契合的圈层开展营销活动。小米科技"不用充电的电驱技术"与那些对科技感兴趣的米粉的需求有着极高的契合度。基于此，小米科技便邀请了小米社区科技数码圈中的意见领袖进行联合互动。

意见领袖本身自带流量。他们将融入全新技术的轩逸电驱版 e-POWER 测评视频在小米社区及其他社交平台发布后，该视频迅速引爆科技圈层的关注，使得圈层成员直接实现"路转粉"。

案例点评

小米科技成功借助意见领袖打通科技圈层，在让圈层用户感受小米科技超强的科技创新能力的同时，也因此爱上小米科技，真正实现了圈层用户与小米科技之间的深度沟通连接，进一步为小米科技带来真正意义上的"流量"和"留量"。学会小米科技的围魏救赵策略，可以快速提升品牌的影响力，对品牌吸粉引流起到一个十分重要的作用。

第 22 计

远交近攻：跨界联动，多维导流

当前，同业竞争异常激烈，已经是不争的事实。现实状况是互联网环境变化使得平台广告成本上涨，引流成本居高不下。"引流难"这三个字已经成为品牌逃不掉但也不得不解决的问题。

既然同行业中的流量难以挖掘，何不换一种思维，去同行业之外寻求流量呢？远交近攻策略不失为一个良策。

【计谋释义】

战国时期刘向所著的《战国策·秦策三》中有一句话："王不如远交而近攻，得寸则王之寸也，得尺亦王之尺也。"意思是大王您还不如和远方的国家结盟，而进攻距离近的国家，这样每得到一寸土地都是大王您的，每得到一尺土地也是大王您的。

远交近攻计策在商战中可以引申为与异业品牌搞好关系，在关键时刻联合起来攻击同行业的品牌，以此跨界合作，多维导流，实现互利互惠，为品牌赢得市场。

同行业本身就是竞争对手，流量共享不利于品牌发展。跨界合作，如产业链上下游之间的合作、跨界关联品牌之间的合作、同领域不同类品牌之间的合作（如服饰与鞋帽、食品与饮品），都可以实现流量共享，合作共赢。

这一策略的根本就是打破固有思想，拉近与异业品牌之间的距离，并且处于统一战线上。这样联合可以将品牌合作延伸到其他领域，实现品牌目标客户群的拓展，用户触点的增加，品牌流量的提升。这样共同对抗竞争对手，可以形成强有力的竞争力，使得品牌所获得的资源优势比品牌单枪匹马、单打独斗在市场竞争中厮杀要明智得多。

【运用要点】

远交近攻实现品牌跨界破圈是很多品牌都在践行的引流策略，具体操作方法和要点如下两点。

1. 共创联名产品

联名产品，顾名思义是跨界合作的品牌联合打造的一款新品。联名产品被品牌赋予了特殊的含义，而且在研发设计上巧思精工，更加凸显新颖吸睛、有趣好玩，最重要的是易于被分享。

美妆品牌兰蔻与潮玩品牌积木熊联名合作，打造了联名款美妆产品。

即在兰蔻小黑瓶、极光水、小蛮腰唇膏三款产品的基础上进行产品包装的创新。产品包装整体以白色为主，用红色勾勒出兰蔻标志性玫瑰元素。兰蔻携手积木熊跨界打造联名产品，旨在通过联名款产品为美妆注入潮流表达，以此来吸引那些追求潮酷的年轻用户。

要点提示：

跨界合作的品牌在共创联名款产品时，应当注意以下两点。

①合作目标要明确

选择合作目标一定要慎重。

首先，品牌进行跨界合作要选择那些与自己调性风格不同的品牌，这样才能更好地在联名产品的设计上实现调性与风格的碰撞，实现成功吸引年轻消费者的目的。

其次，合作品牌之间要实力相当。跨界合作也要讲究"门当户对"。简单来讲，就是品牌双方所拥有的资源、知名度等要势均力敌。如果实力悬殊太大，不但难以实现引流，还存在降低自己原有知名度的风险。

最后，要有共同的消费人群。每个品牌都有自己特定的消费群体。品牌跨界合作是不同品牌更好地进行自身宣传的一种手段。要想跨界成功，就需要双方有共同的消费人群。

②联名产品要创新

打造联名款产品就要有创新意识，而且需要在联名产品上共享品牌元素。好的联名产品创意会将双方的品牌商标，甚至是双方的品牌态度等体现出来，使得联名产品更具吸睛的能力。

2. 开展联名活动

除了打造联名产品，开展联名活动也是一种行之有效的吸粉引流方法。合作双方可以结合彼此的品牌特点，组织一些线上线下活动，往往能更好地吸引流量入池。

优酷电视剧《十里春风不如你》与鸡尾酒品牌 RIO 合作，不但共同推出了限量瓶，还开展扫一扫互动活动，用户只要扫一扫"RIO 春风瓶"瓶盖的内侧二维码，就有机会赢得优酷免流量卡，活动限量 100 万张。这样的互动活动让用户在追剧的同时可以跳出戏外，喝上一瓶 RIO，还可以扫一扫获得优酷免流量卡，使得 RIO 和优酷同时实现了引流。

要点提示：

开展联名活动引流要做好以下两点。

①活动要有参与性、互动性

不具备参与性和互动性的营销活动难以成功吸引用户。因为这样的营销活动是对外单向传播的，使得传播效果变差，引流效果也不会好。所以，一个好的营销活动设计方案一定会注重受众的参与性和互动性。

②抢占用户心智

真正能吸引用户、让用户不惜花时间参与活动并主动互动的往往是那些让受众值得参与的活动。而让受众感到值得无非"利益"二字。借助利益，快速抢占用户心智，用户才能积极投身到活动当中，并愿意成为品牌免费的传播者，将活动转发给更多的人。

【案例分享】

喜茶多维度跨界成远交近攻典范

喜茶是一个茶饮品牌，也是一个善于借助远交近攻计策的品牌。

喜茶创建于 2012 年，能够在几年的时间里火遍大街小巷，关键在于喜茶在跨界合作方面一直不遗余力。喜茶的合作对象从冰激凌、环保袋，到口红、杯子、鞋子等，涉及领域较广，跨界合作频率较高。2017 年至今，与喜茶跨界合作的品牌数量已经高达 74 家。

以下以喜茶与小黄鸭的合作为例。

喜茶作为茶饮品牌，与时尚圈萌宠小黄鸭进行了一次趣味合作。喜茶与小黄鸭的这次合作是借助小黄鸭的 IP 推出了联名套杯设计，将小黄鸭的 IP 形象印在喜茶的茶杯套杯上。同时，还推出了联名会员卡、礼品卡和表白卡。消费者既能喝到喜茶饮品，还有机会获得联名胸针等小礼品。

这次跨界合作使得喜茶和小黄鸭拉近了与消费者之间的距离，更激发了年轻消费群体对喜茶和小黄鸭品牌的认同和喜爱。

案例点评

喜茶与小黄鸭跨界合作，从联名产品到联名活动，多维导流。其成功之处主要体现在两个方面：

一方面，喜茶与小黄鸭的消费群体大多是年轻人，对时下潮流的东西会表现出极大的兴趣，是有个人鲜明态度的潮人。基于此，喜茶与小黄鸭的消费者有很高的契合度，更容易将对方的用户转化为自身流量。

另一方面，喜茶与小黄鸭合作打造的联名产品以喜茶饮品作为载体，以小黄鸭IP形象作为包装设计，实现了联名产品"酷、有趣"的特点，增加了双方产品延展性的同时，也为彼此的品牌注入了新的内容，使得品牌更容易吸引消费者的注意力，最终达到引流的目的。

喜茶与小黄鸭的跨界合作在不断发挥自身优势的同时，探索出了全新的合作引流模式，实现了合作共赢，更是让自己在激烈的市场竞争中得到了进一步的发展。

第23计

同声相求：内容裂变，引爆流量

品牌，尤其是初创品牌，首先面临的问题就是生存。品牌的生存之道在于流量的快速扩张。但生夺硬抢不但无法实现快速引流，反而会引来受众的反感和疏远。

内容不仅仅是一种简单的信息输出载体，还可以通过内容所传递的信息一步步将受众吸引过来，直接驱动品牌流量的增长。这种"诱敌深入"的逻辑方式所产生的流量裂变效果是超乎想象的。

【计谋释义】

《孙子兵法》兵势篇中有一段话："故善动敌者，形之，敌必从之；予之，敌必取之。以利动之，以卒待之。"意思是善于调动敌军的人，向敌军展示一种或真或假的军情，敌军必然据此判断而跟从；给予敌军一点实际利益作为诱饵，敌军必然趋利而来，从而听我的调动。一方面用这些办法调动敌军，另一方面要严阵以待。这即是诱敌深入的精髓所在。

诱敌深入是军队作战中一个非常有效的军事防御策略。在商业领域，同声相求与诱敌深入计策一样适用于品牌引流增流。

内容是同声相求的最好武器。与其他营销方式相比，内容营销的最大特点就是隐蔽性。无论品牌符号、品牌形象还是品牌理念都可以悄无声息地植入内容当中。用内容攻击受众心智所产生的流量裂变效果绝佳。

如今是"内容为王"的时代，如果我们能够用优质内容来赢得流量，这种方法就是最明智的选择。品牌可以在新浪论坛、百度贴吧、天涯社区、微博等地方输出优质内容。用户通常只有看到自己感兴趣的内容或对自己有价值和帮助的内容才会主动关注你。通过这种方法引来的流量都是精准流量。因此，优质内容引流效果好，成本低，可以长久地实施下去。

【运用要点】

品牌如何借助内容做到同声相求，达到流量裂变的目的呢？

第一步：明确用户的需求

了解用户的需求是保证内容实现引流的基础。只有了解用户真正的需求，才能知道用户真正想要的内容是什么。这也是内容为品牌带来更多流量的必备前提。

要点提示：

明确用户的需求，要对用户做客观调研，而不是品牌局限在自己的立场上，主观地认为哪个方面就是用户需求。这个过程其实是对用户特征的深入了解的过程。在这个过程中，品牌也可以了解到用户感兴趣的话题有哪些方面。这一步对于打造更具吸引用户的内容来讲必不可少。

第二步：与用户近距离对话

如何才能知道什么样的内容更具吸引流量的能力？与用户近距离对话就是一种很好的内容挖掘方式。通过与用户近距离对话，可以更加直接地了解用户想要的内容，针对用户的需求，打造他们更加喜欢和感兴趣的内容，则更加易于用户因为对内容的关注而关注品牌，成功实现品牌引流。

品牌可以通过短视频平台发布一些与品牌相关的内容，并在短视频中进行提示，比如"下期想看什么感兴趣的内容请在评论区留言""下期想看什么感兴趣的内容请私信留言"等。通过这种与用户近距离对话的方式，直接、快速地了解到用户感兴趣和想看的内容。

要点提示：

与用户近距离对话，应当尽可能将说话的机会留给用户，自己则做一个真诚的聆听者。在聆听的过程中，我们可以更好地挖掘和洞察隐藏在用户心底的声音。

第三步：打造价值内容

在一切准备工作完成之后，接下来就可以正式进入内容创作阶段。真正能够吸引用户的内容其实还是有价值的内容，而且这样的内容能更好地激起用户主动分享的意愿。这对于品牌引流来讲，至关重要。只有真正为用户带来价值的内容，才是好内容。品牌打造有价值的内容，才能抢占用户的心智。在内容为王的时代，价值创造才是王道。

打造价值内容包含以下四个方面。

（1）有用

有用的内容可以帮助人们掌握新知识、新技能，让人因为你的有价值的内容而在知识、技能方面得到成长和进步。

（2）有趣

有趣的内容能给人带来轻松、愉悦的感觉。将品牌信息与有趣的内容结合在一起，可以吸引受众的注意力，进而在不经意间起到为品牌宣传的效果。

（3）有利

有利可图的东西本身就具有很强的吸引力。免费体验、折扣优惠等都可以吸引用户的眼球，达到品牌吸粉引流的目的。

（4）有情

人类本身就是有情感的动物。在内容中恰如其分地融入亲情、友情、爱情，可以触动受众内心的琴弦，产生情感共鸣，使受众因为对内容的认可，而爱屋及乌，喜欢上品牌，成为品牌的粉丝。

要点提示：

在创造价值内容的过程中，要注意以下两点。

①做到一个字——"真"

有用、有趣、有利、有情的内容可以吸引产生共鸣的人成为品牌的粉丝，帮助品牌向着更深更广的方向发展。所以，这四个方面的价值内容的打造，要重点注意一个字——"真"，即真的对用户有用，真的能激发用户的兴趣，真的能给用户带来利益，真的付出真情。

②不偏离品牌调性

每个品牌都是独一无二的，也有独一无二的价值观，即品牌调性。这是品牌在经历漫长的发展历史沉淀下来的文化。无论打造的是什么方面的价值内容，都应当紧扣品牌调性来延伸。

【案例分享】

百事可乐借有情节的内容做到同声相求

自2012年开始，百事可乐每年都会以"人""家""乐"三个点为出发点打造一部有关团圆的微电影《把乐带回家》。每年的《把乐带回家》微电影，都会请著名演员来担任主演；每年聚焦一个创意点，讲述与春节有关的团圆、温馨的故事，而且在影片中会有大量的百事可乐系列产品出镜。

因为百事可乐相信，无论时代如何变化，在每个国人心中"团圆""共乐"是永不褪色的话题，也是每个人所殷切期盼和向往的。《把乐带回家》用新春的快乐将品牌与中国文化中最重要的传统节日相结合，能通过内容满足消费者的深层情感诉求，让人们在欢笑中收获感悟，感受到春节"把乐带回家"的意义。

每年百事可乐微电影上线之时，也就意味着回家过年进入了倒计时。每年，百事可乐通过这一系列微电影为自身引流吸粉无数。

案例点评

百事可乐通过这样富有创意的内容，一方面，使得百事可乐通过不断出镜而重复触达用户，形成有效的品牌记忆；另一方面，通过向受众传递最本真的情感内容，引发用户情感共鸣，有效地为品牌拉来一波又一波的流量。可以说，百事可乐借助有情节的内容将同声相求演绎得淋漓尽致。

第 24 计

附骥名彰：名人引流，赋能品牌

爱美之心与名人效应，自古有之。美的诱惑和名人的带动效应对消费者而言是无法抵御的。品牌如果能够合理利用"附骥名彰"策略吸粉引流，会给受众带来一种"温柔攻势"，必然能达到意想不到的效果。

【计谋释义】

美人计出自《三十六计》。语出《六韬·文伐》中的一句话："养其乱臣以迷之，进美女淫声以惑之。"意思是对于用军事行动难以征服的敌方，要使用"糖衣炮弹"，先从思想意志上打败敌方的将帅，使其内部丧失战斗力，然后再行攻取。

在商场中，我们可以将用户当作强大的对手。攻克这样的对手，强攻的效果可能差强人意。我们同样可以用"附骥名彰"的品牌策略来达到三十六计所说的"美人计"的效果。运用附骥名彰策略，品牌可以通过"名人"的高颜值、美誉度、知名度、感召力来引导"名人"的粉丝转化为品牌自身的粉丝。

通常，名人可以是对社会有突出贡献的人，可以是行业知名专家人士，也可以是流量明星等。名人自带"名人"光环，借助名人代言可以助力品牌在流量经济盛行时代，轻松将名人身上的流量引至品牌，为品牌所用。

【运用要点】

品牌应该如何借助附骥名彰策略轻松实现引流呢？

1. 名人代言

名人代言是常用的引流方法。名人本身具有一定的感召力。名人为品牌代言，可以有效提升品牌的曝光度和传播度，使得品牌因为名人的知名度被更多人关注，并因为名人的美誉度为品牌背书，有效提升了品牌的形象。邀请名人为品牌代言，消费者会下意识多看几眼，并将关注随之转移到品牌上。

要点提示：

邀请名人代言需要注意以下两点。

①邀请名人代言需要付出不小的成本

规模较小、经济实力较差的品牌，要对自身情况进行综合考量，必须将成本控制在自己的能力范围之内。

②名人为品牌代言也代表了品牌的形象

在选名人的时候，应当选择那些影响力较大，没有负面新闻，充满正能量的名人。

2. 名人活动

每个品牌所处的行业中都不乏知名专家或名人，可以邀请他们前来为品牌举办活动助力，以此为品牌引流。

比如，某医疗器械品牌可以邀请知名医疗专家进行现场讲座，在有关医疗器械专业术语方面做科普宣传。

要点提示：

邀请名人前来为品牌举办的活动助力，需要注意邀请的名人所从事的专业一定要与品牌经营内容相契合，这样名人的发言才更有利于品牌活动的宣传。

3. 借名人消费引流

即便是名人，也要过普通人的日常生活，同样离不开衣食住行。有的名人会亲自到店里消费，如果能够留下名人到店消费的合影，无论是照片还是视频，都可以成为品牌引流的点。将照片和视频展示出来，就可以借名人效应达到很好的宣传引流效果。

要点提示：

借名人消费引流，其实是一种低成本，甚至零成本的引流方法。所以，店员平时要多留意，不要错过任何一个与进店消费名人合影的机会，而且与名人合影多多益善。

4. 借名人同款引流

如果自身预算有限，请不起名人代言，也没有渠道邀请名人前来参与自己举办的营销活动，难以吸引名人到店消费，那么，还有一种零成本引流方式，就是借名人同款引流。

有时候，名人发现好用的产品也会一直使用下去。而广大用户追名人同款是个人品位的具象化呈现，人们希望借买名人同款、晒名人同款得到个人品位的满足与提升。

借名人同款引流，就是拿名人使用过该款产品这件事情作为说辞，以此来吸引消费者的关注，达到引流的目的。这种方法也能收到不错的引流效果。

要点提示：

能吸引名人使用，产品品质必然有保证。所以，借名人同款引流，品牌首先要练好内功，在产品上多下功夫。

【案例分享】

欧扎克借附骥名彰策略实现粉丝暴涨

欧扎克是一家创立于北京的食品公司，是我国的一个自有品牌，主要致力于为消费者提供健康、多元化的即食燕麦制品。

为了快速为品牌吸引粉丝和流量，欧扎克邀请男演员肖战作为自己的品牌代言人。

在欧扎克投放的宣传广告中，肖战以不同的穿着风格出现在大众面前，手拿勺子，邀请大家共享美食，用各种方法吃欧扎克酥脆麦片。并且肖战通过一句"无惧挑战，自我定义，2021与欧扎克OCAK一起，战放实力，共享酥脆"的动态宣传，将欧扎克强势带到了大众面前。

该代言广告一经投放，大量肖战粉丝对欧扎克"路转粉"，纷纷涌入官方店铺抢购肖战同款，欧扎克店铺粉丝一夜之间增长超过百万。欧扎克也很快被卖断货，销量暴增。可以说，在肖战没有代言之前，欧扎克只有品质；但在肖战代言之后，肖战为欧扎克打开了流量大门，打开了市场大门。

案例点评

品牌与代言人的影响是相辅相成的。很多品牌都会寻找明星代言，以此来打开品牌的知名度。肖战作为明星，其颜值、气质、美誉度、坐拥粉丝数量都是很高的。欧扎克寻找当前明星人气榜排名第一的肖战做代言人，可以有效提升品牌形象、热度和流量。欧扎克选择肖战代言，体现了其强大的实力，也充分借助附骥名彰策略实现了1+1>2的效果。

第三篇

营销转化

品牌的存活离不开粉丝和流量，但最终能够保证品牌持续运转的还是粉丝和流量的变现。难以实现变现的流量毫无意义。掌握有效的流量变现方法，可以将流量快速转化为销量，快速实现人脉到钱脉的转变。

第 25 计

改头换面：老酒新装，别出心裁

很多时候，品牌在市场发展的过程中越过了高速增长时期，业务会逐渐趋于稳定，利润增长也会逐渐陷入瓶颈，原有的增长方式往往难以为继。品牌通过一成不变的营销方式去推动用户购买的窗口期已经过去，亟须一种全新的营销模式的诞生。

【计谋释义】

借尸还魂出自《三十六计》。最早源于"八仙"铁拐李得道成仙的传说。相传铁拐李原名李玄，因遇到太上老君而得道。一次，其魂魄离开躯体游玩于三山五岳之间。其弟子见李玄的遗体僵在那里，误以为李玄已经死去，就将其火化。等到李玄神游归来时，发现无所归依，慌乱中找了一具乞丐的尸体，将灵魂附在其上，得以重生。

借尸还魂，原意指已经死亡的东西又借助某种形式得以复活，比喻

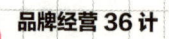

已经消失或没落的事物又以另一种形式重新出现。我这里所讲的"改头换面"的品牌策略，与兵法中所讲的"借尸还魂"有同样的作用。

在品牌营销的过程中，营销变现效果差，则需要改变营销策略。老酒装新瓶，就是实现借尸还魂的有效方法。让以往的内容在本质上不发生变化，但从表面上给人耳目一新之感，跟以前的完全不同，以此来达到用户买单、重新赢得市场的效果。

【运用要点】

要想通过改头换面的方式增强品牌的吸客能力，应该如何实现呢？

第一步：研究需求端，挖掘隐性需求

当前，消费者的消费需求逐渐升级。以往，消费者在购买产品时，关注的点是产品是否能满足自己的使用、实用需求。随着人们生活水平和认知水平的逐步提升，消费者购买产品，关注点已经从产品本身固有属性上升到产品的情感属性。这一点与前文讲到的心理学家马斯洛提出的需求理论相吻合。

品牌想要更好地迎合消费者，就需要作出改变。首先就要从需求端，即消费者入手进行全面研究。当然，不同品牌、不同的品牌产品，面向的消费群体有所不同，也具有不同的消费特征。有针对性地研究需求端，对后续营销策略的改变起着至关重要的作用。

以当前的消费主力军"85后""95后"为例。他们喜欢张扬个性

化、追逐潮流，在消费过程中更加注重产品所蕴含的文化、彰显的品位、呈现的美感等。

营销界流传着这样一句话：需求像座冰山，露出水面的七分之一是显性需求，藏在水下的七分之六是隐性需求。品牌如果此时不能做到与时俱进，不能对消费者做深入研究，不能抓住年轻人的心理特征，不懂从消费者消费现象看到他们的隐性需求，是很难在当前的市场中存活的。

如何挖掘消费者的隐性需求呢？

（1）多观察

平时多观察消费者的消费行为，包括收藏产品、购物车产品、产品详情页停留时间、页面浏览次数、评论内容、转发内容等，从中发现消费者隐藏的需求。

（2）多询问

多询问是得到用户信息最直接有效的方法。从询问中，品牌可以了解用户的心声，了解用户的不满，这些其实都包含着用户的隐性需求。

要点提示：

不同的品牌面向的消费者不同，当然也有同一个品牌面对多个消费群体的情况。研究消费群体的隐性需求，可以有针对性地对某个消费群体进行研究，也可以从某个消费群体入手，循序渐进，进行逐一突破。

第二步：改头换面，满足显性需求

在明确消费者隐性需求之后，品牌就可以针对其隐性需求，在品牌产品的包装上下功夫。

（1）文字引发共情

产品包装往往由图文两部分组成。可以将一些网络流行语、走心文案、经典台词、名人金句等印制在外包装上，形成感人语境，给那些普普通通的产品赋予更多的情感色彩，拉近品牌与用户之间的距离。

（2）图片迎合喜好

除了文字以外，品牌还可以在产品包装上设计出更加迎合消费者喜好的图片样式，以彰显品牌精神和内涵。

对于学生群体而言，他们更加热爱自然、喜欢萌态的事物。针对这一特点，农夫山泉在原有瓶装水的基础上设计出一款学生水。

其瓶身设计共有八种图案，上面印有山楂海棠、东北虎、中华秋沙鸭、红松等，体现出一种生态文化的理念，让自然元素栩栩如生地呈现在消费者面前，是一种对大自然的回归。很多用户觉得这一系列玻璃瓶装水的设计十分好看，就把所有的图案都凑齐了。这无形中为农夫山泉瓶装水带来了销量的提升。

（3）互动激发参与

如今，越来越多的用户注重参与感，喜欢黑科技带来的新鲜体验感。因此，品牌可以在包装上添加科技色彩，从而吸引广大用户购买、分享、互动的热情，在强化品牌体验感和互动感的同时，更为品牌带来源源不断的销量。

金典牛奶曾推出过一款"可以喝的音乐能量牛奶"。这款牛奶就是在包装设计上借助黑科技吸引用户急切想要通过互动体验产品的热情。消费者只要扫描盖内二维码，就可以体验 AI 黑科技，获得有机能量关键词以及解锁专属歌单。

要点提示：

借助改头换面策略，无论新包装如何设计，都应当围绕用户的需求进行，否则偏离用户需求的包装设计，其最终的变现效果也必然是差强人意的。

【案例分享】

红星二锅头改头换面成为现象级品牌

红星二锅头是北京红星股份有限公司旗下的白酒品牌，成立于1949年，至今已经有70多年的酿酒历史。红星二锅头历来是北京市民的餐桌酒，却在包装上一直以一副"老面孔"出现在白酒市场上，因此未能走进高端市场，也无法获取更好的经济效益。

随着红星青花瓷珍品二锅头的推出，红星二锅头凭借全新的青花瓷包装第一次走进了中国高端白酒市场。之所以推出青花瓷包装，是因为红星二锅头重新对消费者需求进行深层次审视。在一番洞察后，红星二锅头发现，当前市场刮起了一股国潮风，消费者也更加热衷于中华美学，对国潮风的喜爱持续升温。

在洞察到消费者的这一需求之后，红星二锅头就在包装上融入中国古代文化精华元素，采用仿乾隆青花瓷官窑贡品瓶形，再结合中华龙图腾，配以紫红木托，整体以红、白、蓝三种颜色向消费者呈现中华文化的特色。

红星二锅头用新瓶装旧酒，将中国传统文化与白酒文化成功地结合在一起，充分迎合了消费者的需求和喜好，吸引了广大用户的购买热情。

案例点评

红星二锅头能够站在用户的立场上，充分剖析当下消费者的购买需求，从中国古代文化元素出发，将自身包装进行创意设计。此举不但提升了产品形象，还为品牌带来了惊人的经济效益。

第 26 计
暗度陈仓：隐性营销，攻其不备

在营销活动中，最好的营销策略就是利用一定的手段"迷惑"消费者，让消费者心甘情愿为心中渴求的产品买单。暗度陈仓就是品牌实现流量变现的一个"撒手锏"。

【计谋释义】

元朝戏曲作家尚仲贤在其《气英布》第一折中有这样一句："孤家用韩信之计，明修栈道，暗度陈仓，攻完三秦，劫取五国。"

暗度陈仓指从正面公开做某事，迷惑敌人，从而使从侧翼展开的行动不被发觉，以达到出奇制胜的目的。

这一计谋用于品牌营销变现当中，可以引申为声东击西，表面上在从事某种活动，暗地里乘人不备暗中进行其他商业活动，以达到将自己的产品销售出去的目的。

【运用要点】

品牌如何暗度陈仓提升自身变现能力呢？

1. 买赠

买赠，即买产品赠产品。这种方法以免费为诱因，表面看似在给消费者带来实惠，更加划算，其实是通过赠品刺激消费者购买。

通常，买赠的形式有以下六种。

（1）赠送新品

刚上市的新品，往往知名度不高，消费者不会贸然购买。以试用装的形式作为赠品，可以让消费者接触到新品，体验新品，从而提升对新品的感知与认同，进而购买新品。

（2）赠送较低价格的关联产品

赠送低价格的关联产品，如买刮胡刀送剃须泡，买电动牙刷送牙膏等。消费者会认为自己以同样的价格获得了更多的产品，更加划算，从而会积极购买。

（3）赠送同款

赠送同款，顾名思义，买什么产品就赠送消费者什么产品。这种方法会使得消费者认为获得了更大的实惠，自然会积极购买。

（4）买低价格产品，赠高价值产品

价值越高的产品越有吸引力。买低价格产品，赠送消费者高价值产品，会让消费者觉得物超所值，甚至捡了大便宜，买到就是赚到。

（5）买赠代金券

买产品送代金券，目的是促进消费者的二次消费，刺激流失顾客回归消费。因此，在设计赠送代金券方案时，品牌应当分人群、分购买商品进行赠送。

例如，在顾客购买某类商品时，赠送其定向代金券，用于购买指定商品。

再如，根据消费者消费金额的不用，赠送二次消费满额消费代金券。

（6）买产品送服务

买产品送服务也是一种可取的暗度陈仓方式。赠送消费者服务体验，目的是引导消费者进行体验式消费。消费者体验后可能当时就有效果或者一段时间后才有效果，但这并不影响消费者最终是否购买。只要能让其直观地感受到效果，消费者就能感知到产品的价值，自然会购买相关的产品。

要点提示：

买赠这种暗度陈仓的方式，在实施过程中一定要本着以下两个原则。

①低成本

所赠之物或服务一定要低成本，甚至零成本，以便品牌以最低的成本换来最大的收益。

②高价值

所赠之物或服务一定要给人一种高价值的感觉。物超所值才能更好得激起消费者的购买积极性。

2. 凑单

凑单，即需要同时购买多件商品，达到一定金额才能享受免邮或满减优惠。这样，消费者为了获得免邮或满减机会，会不自觉地凑单。

比如，每年的"6·18""双十一""双十二"，以及消费者购物"满300减30"。

再如，一些店铺会推出"满100元包邮"的活动。

要点提示：

凑单一定要注意门槛的把握。如果付款金额设置得过高，则降低了消费者凑单的积极性，反而影响品牌的销量；如果设置的付款金额过低，对于品牌提升销量来讲意义不大。

3. 折扣

折扣，就是买得越多，折扣力度越大。这样，消费者会将注意力放在折扣上，感觉得到了实惠，会不自觉地多买，认为买得越多，赚得越多。对于品牌来讲，销售得越多，收益越多。

比如，第一件原价，第二件半价。

再如，第一件没有折扣，第二件九折，第三件八折等。

要点提示：

在设置折扣的时候，降低折扣虽然能有效达到提升销量的目的，但要注意把握好折扣力度，否则会有损品牌的形象。

4.免费

免费也是暗度陈仓计策中一种举足轻重的策略。人性的弱点就是喜欢占便宜。免费策略就是利用人性这一弱点，利用免费作为幌子留住顾客，然后再一步步进行转化。这种方法看似消费者享有免费机会，实则是通过免费为消费者后续消费埋下伏笔。品牌可以通过免费策略建立隐性利润空间。

免费的形式有以下四种。

（1）免费体验

品牌可以让客户免费体验产品或服务，如试吃、试穿、试看、试用等。如果客户获得良好的体验，又想要持续获得这种良好的感觉，就会主动购买。

（2）免费抽奖

免费抽奖，通常是消费者在购买产品满一定金额的时候，会获得一次免费抽奖的机会。一等奖用户可以免费拿产品，二等奖、三等奖用户可以逐级递增的价格购买其他产品，但购买价格要远低于原价。

（3）部分用户免费

部分用户免费是为了吸引更多的用户，让一部分人带动另一部分人进行消费。部分免费是一种客户之间的交叉性补贴。通过这种方式，同样能让品牌从中赚取一定的利润。

例如，电影院推出的"女生免费，男生收费"模式。很多女生前来看电影会带男友一起来，这一模式就达到了吸引客户并实现流量转化的目的。

（4）主业务免费，周边业务收费

这一模式是指用户在使用品牌主打服务的时候是免费的，但在其他方面是需要用户付费的。

比如，很多手游，用户可以免费登录并玩游戏，但如果想要获得装备卡、道具卡、体验卡等项目，就需要付费。

要点提示：

免费的目的是引消费者买单。所以，能够拿来免费送的产品、服务、业务，一定要有足够的吸引力和良好体验。这是引流的关键，也是流量转化的必备条件。

5. 加一元换购

加一元换购是商家提升销售转化的一种常用方式，主要是鼓励消费者加购商品。对于消费者来讲，一块钱能够换购一件自己认为值的商品就是赚到了。

要点提示：

加一元换购的商品既要成本低，又要能给消费者制造一种价值高于一元的错觉。最直观的体现方式就是给换购商品标出原价。

6. 产品组合优惠

产品组合优惠，顾名思义就是多个产品组合在一起购买，价格要低于单个产品的价格总和，以此让利给消费者。对于消费者而言，产品组合比单个购买更加划算。

要点提示：

产品组合优惠在实施的过程中，要注意能够组合在一起的产品最好是关联性十分紧密的产品，如补水、乳液、粉底组合套装，眉笔、眼影、眼线组合套装，上衣、裤子或裙子组合套装等。

【案例分享】

某鞋油公司以买赠活动促销清仓

一家鞋油公司的一批新品即将上市，却面临资金难题。而库房中还有一批鞋油压着，销量很差，导致资金无法回笼。

在这样的情况下，一位营销高手便有了一个奇思妙想。他先从一手渠道以批发价拿来一批雨伞，然后推出了"买一盒鞋油优惠价五元，买两盒鞋油送一把雨伞"的促销活动。

他批发来的雨伞在当地零售价通常是十元左右，所以，在消费者眼中，这把雨伞就相当于十元人民币。如果买两盒鞋油的话，就相当于变相赚了十元。但事实上，一把雨伞的批发成本也就是四元左右。

对于消费者来说，两盒鞋油十元，送一把十元的雨伞，相当于鞋油是白送的。鞋油的价值是多少？一般人都不清楚，但十元一把的雨伞人人都知道，而且价格稳定。这样，大家购买的热情自然就高涨起来，能白拿两盒鞋油自然是赚到了。

对于鞋油公司来讲，一盒鞋油的实际成本是一元，如果卖一盒鞋油稳赚四元，卖两盒鞋油就赚八元，而赠送顾客一把四元的雨伞，获得的净利润是四元。

这场促销活动后，鞋油公司库房中的鞋油被销售一空，其资金难题也被轻松化解了。

案例点评

一个简单的营销案例却隐藏了一个十分精妙的营销策略，那就是暗度陈仓。表面上看，鞋油公司最大让利于消费者，让消费者获得了强烈的价值感，从而觉得自己占了便宜。实际上，鞋油公司通过这种营销手段赚到了可观的利润。

在消费者看来，他们以零成本获得了不确定收益。鞋油公司则赚得了雨伞的差价扣除鞋油的成本。这样，无论从消费者还是鞋油公司角度来看，都得到了实惠。

第27计

独辟蹊径：差异策略，别具一格

品牌争夺流量，赢得销量，首先就要在第一时间用强有力的差异化风格特点抢占用户的认知。很多时候，影响消费者购买决策的一个重要因素就是三个字——差异化。

如今，市场中的同质化现象严重。品牌如果不进行创新，不打造差异化营销策略，是难以赢得流量和销量的，也难以引爆市场。

【计谋释义】

清朝诗论家叶燮所著的《原诗·外篇上》中有一句话："抹倒体裁、声调、气象、格力诸说，独辟蹊径。"意思是抹掉作品体裁、语言的音调变化、精神特质、诗文格调等，独自开辟出一条路。独辟蹊径，比喻独创一种新风格或新方法。

独辟蹊径谋略用于品牌营销变现当中所体现的意思就是进行差异化

营销。

在当前这个竞争越来越激烈的时代，品牌会陷入无休止的市场竞争当中，价格战、模式战、产品战等让品牌应接不暇。在这样的环境中，品牌差异化的价值就显而易见，成为决定品牌未来生死的关键。

独辟蹊径营造差异化手段，可以针对不同的消费人群设计出不同的营销策略，以满足不同的消费者需求，从而有利于扩大企业的市场占有率。

【运用要点】

独辟蹊径进行品牌营销，可以从以下三个方面来实现。

1. 卖点差异

卖点差异是针对产品而言的，与众不同的产品卖点能够很好地勾起消费者的购买欲望。

卖点可以是产品技术卖点、文化卖点、情怀卖点、功能卖点、工艺卖点、品位或档次卖点等。那么，如何营造差异化卖点呢？

第一步：了解消费者需求。

卖点要围绕消费者需求点、兴趣点进行挖掘。挖掘用户需求点，首先就要从用户的言谈信息中直接获取，还可以从用户的购买评价、点赞、评论中挖掘。

当然仅仅听用户的"一面之词"，挖掘的用户需求点不一定全部真实，还需要洞察用户的内在情绪和潜在思想，要从用户的欲望、潜意识等最深层次看待用户的表述。

第二步：提炼卖点。

将获取的用户需求进行整理和归类，有助于更加直观地明确用户需求。这些需求就是很好的卖点。此外，还需要对收集而来的卖点进行提炼，目的是简化卖点决策难度。

第三步：卖点证明。

有卖点，还要向消费者证明自己的卖点。不能被证明的卖点不是真正的卖点。

要点提示：

无论营造什么样的卖点，都要直击消费者的痛点，也就是从消费者购买商品时关注的焦点出发。能牢牢抓住消费者痛点的卖点，才能引发消费者强烈的购买欲望。

2. 价格差异

价格差异也是一种影响消费者购买决策的重要因素。价格差异在营销转化方面的主要形式是价格因人而异。同样的商品以不同的价格进行售卖，更容易给人以公平感，提升消费者的购买意愿。

例如，航空公司会对成人和儿童采取不一样的票价销售机票。有些特定消费场所，会对普通人、学生、军人等采取价格差异化策略。

所以，品牌可以根据高峰和非高峰时间段进行价格差异化营销，也可以按照人群差异来定价。

要点提示：

在制定差异化价格策略的时候，要特别注意价格的差异化要合情合理，要能服众，否则会引起消费者的不满。

3. 渠道差异化

营销变现，渠道差异化也很重要。品牌选择不同的销售渠道，可以在一定程度上有效提升销售转化。如何实现渠道差异化呢？这里有两种方法。

（1）渠道细分

渠道细分，就是在原有渠道的基础上进行细化。

比如，通常营销渠道分为线上渠道和线下渠道，在线上又有很多细分渠道，如短视频渠道、微信渠道。而短视频渠道又可以进一步细分为短视频带货和直播带货；微信渠道又可以进一步细分为微商带货、小程序商城等。

（2）渠道创新

当然，除了现有渠道之外，还可以通过渠道创新实现品牌传播，拓宽销路。

要点提示：

渠道差异化要尽可能在现有渠道的基础上进行深挖，越细化越新颖，品牌传播路径越宽广，面向的客户群体的涵盖面越广。

【案例分享】

小米科技差异化门店销售

小米科技作为一家互联网公司，总是能够走在差异化创新的最前列。

为了迎合时代的发展趋势，小米科技从最初只做线上销售，转移到渠道线上、线下两手抓。小米科技在线下打造了极具特色的小米之家，这是小米科技专为消费者打造的差异化零售门店。

在店内除了手机新品以外，还有小米平板、小米电视以及小米生态链上的其他产品。几乎线上的所有产品在小米之家都能找到；手机、电视、生态链产品等硬件以及MIUI、云服务等互联网因素贯穿其中。小米之家的出现打破了以往线下门店固有的模式。在这里，用户可以近距离体验产品，米粉之间可以近距离交流，也吸引了不少人购买产品。

如今，小米科技在中国已经拥有上万家小米之家门店。小米科技在手机市场做得风生水起。

案例点评

小米科技借助差异化打造出来的独具特色的门店销售模式，无疑给广大用户提供了一个良好的亲身体验产品的场所，成为广大米粉的聚集地、大本营。同时，这种差异化渠道模式使得米粉和客户被一种新鲜感吸引，进而产生强烈的进店体验、购买产品的欲望。小米科技因此赚得盆满钵满。

第28计
擒贼擒王：KOL 种草，现身说法

在品牌开展营销活动的过程中，很多品牌会遇到转化难题。其实，营销转化难也不难——抓准营销对象，品牌营销就成功了一半。

【计谋释义】

唐朝诗人杜甫《前出塞》中有句话："射人先射马，擒贼先擒王。"擒贼先擒王，指捉贼先捉贼的头领。比喻做事要抓住关键要害。

选择比努力更重要。品牌营销同样是这个道理。擒贼擒王计谋就非常适合品牌营销。

在营销领域，KOL（关键意见领袖）即那些在某一领域拥有丰富学识的专家或掌握更多、更精准信息的权威人士。他们在某一方面非常有话语权，他们的意见都具有很高的价值，因此被大众信任和采用。KOL其实就是广大消费者中的"王"。要想"擒住"消费者，首先就得"擒

住"KOL。

通过 KOL 种草，借助行业内 KOL 的背书，能够强化品牌。而且，在 KOL 的引导下，粉丝群体会在短时间内转化为品牌粉丝，并产生消费行为，提升了产品销量。可以说，KOL 种草是擒贼擒王营销策略的实现路径。

【运用要点】

如何实现 KOL 种草变现呢？

第一步：寻找合适的 KOL

寻找合适的 KOL 是 KOL 种草的第一步。那么，品牌如何寻找合适的 KOL 呢？手动搜索行业关键词是最直接的办法。

可以在短视频平台、微信公众号、微博等平台上搜索行业关键词。比如护肤品牌，可以在以上平台上搜索一些如"护肤""保养"之类的关键词，然后从查找结果中挑选一些粉丝数量、互动数量、视频点击量较高的 KOL，想办法与其取得联系，并表明合作意图。

要点提示：

寻找的 KOL 一定要保证匹配：

一是寻找的 KOL 所精专的行业应与品牌从事行业相匹配，匹配精准度越高后续流量变现效果越好；

二是 KOL 的调性一定要与品牌产品特性相匹配，以达到理想的营销效果。

第二步：KOL 种草

KOL 种草，有两种方式。

（1）内容推广种草

KOL 本身在某一领域拥有丰富的学识、掌握了更多精准的信息。可以借助这一特点，与 KOL 合作打造能够融入品牌相关产品的爆款内容。

品牌可以根据不同产品的特点，选择相应的图文或视频的形式发布原创内容，借内容引出品牌产品，借内容让品牌产品触达用户。用爆款内容引爆流量转化，简单却很有效。

要点提示：

KOL 借内容推广品牌和产品，一定要与 KOL 合作共创内容。这样，大家集思广益头脑风暴，在思想碰撞的同时，摩擦出更多精彩的"火花"。在内容中突出营销关键点才能引爆销量。

（2）带货分享种草

通过 KOL 的内容推广，用户已经对品牌和产品的认知度有了很大的提升。此时，KOL 可以趁热打铁，借助带货分享的方式进行第二次种草。KOL 可以分享自己的使用心得、使用效果等，再结合产品的优惠活动，炒热爆款单品。同时，在带货分享的过程中直接附上购买链接，大大激发了用户的购买行为。

要点提示：

带货分享种草，需要掌握两个原则。

原则一：种草优于销售

虽然种草是为了达成销售目标，但 KOL 带货分享一定要种草优于销售。通过知识分享的方式来推广产品，才能做到润物细无声的效果。

原则二：建立"中立"感

KOL 在分享经验、传授知识的过程中，一定要给用户一种中立感，以此降低明显的销售导向。这样才会看似无心插柳，实则达到了柳树成荫的效果。

【案例分享】

宝马 MINI 借 KOL 种草瞬间卖爆

谈及品牌与 KOL 合作，宝马 MINI 与知名 KOL"黎贝卡"则成为最经典案例之一。

合作当天，"黎贝卡"在微博上发布了一则与宝马 MINI 合作销售汽车的消息。该消息一经发布，就获得了 10 万多的阅读量。但想要购买宝马 MINI 的人需要先提交订单信息，然后才有抢购限量版宝马 MINI 的机会。

一周后，宝马 MINI 官方预定抢购平台正式开通，仅开通 5 分钟时间，价值 28.5 万的 100 辆限量版宝马 MINI 就被抢购一空。

宝马 MINI 是什么样的车呢？

宝马 MINI 是隶属于宝马集团旗下的微型车品牌。外观娇小而灵巧，是 MINI 的招牌形象。色彩搭配非常丰富，既可以选择车身与车顶同色，又可以选择车身与车顶不同色。内饰以金属质感为主。造型夸张，但不乏舒适实用。这样一款车，先不说其性能，单从整体外观和内饰来看，就极具时尚感。

"黎贝卡"又是谁呢？"黎贝卡"是一名时尚博主，创办了时尚公众号"黎贝卡的异想世界"。2019年，"黎贝卡"入选福布斯中国意见领袖50强。

虽然宝马本就是汽车行业的大佬，但与"黎贝卡"强强联合，则使得流量变现更加迅速和高效。

案例点评

宝马MINI的这次营销活动取得了惊人的成绩，关键在于两点。

第一，宝马MINI本身就是一款透着时尚的汽车，宝马MINI选择与时尚界的知名KOL"黎贝卡"合作，显然做到了KOL的调性与品牌产品特性相匹配，从而保证了双方的粉丝有着相同的特性。

第二，"黎贝卡"在预定活动正式开启前七天，就在微博发文进行预热，为宝马MINI有效聚粉无数，也为之后宝马MINI创下惊人销售奇迹打下了良好的基础。

第29计

剑走偏锋：反向为之，谋得利益

现如今，消费者获取信息的渠道越来越多，接收的信息也越来越多。消费者对于品牌营销的那些常规操作已经司空见惯，对品牌的敏感度减弱，品牌的流量和销量也会随之削减。如果能反其道而行之，则会出其不意，攻其不备，使得品牌在消费者拍手叫绝的过程中迅速出圈。

【计谋释义】

《国语佳句》中有一句话："十年磨一剑，剑走偏锋。"剑走偏锋，意思是不走常规路线，找一些新的、不同于以往的方法来解决问题，以求出奇制胜。

在营销界，剑走偏锋往往是为了宣传产品，实现流量转化。而采用与绝大多数品牌相反的营销方法，或者说采用一些不同寻常的方法，让受众在认知上产生一种违和感和超出意外的惊喜，往往会达到意想不到的营销效果。我们也可以将这种剑走偏锋的营销策略称为反向营销策略。

反向营销能够助力品牌引爆流量，实现销量上的突破。

【运用要点】

品牌剑走偏锋开展营销活动，如何才能取胜呢？

1. 反常规

反常规，即不按规则来。很多时候，品牌需要实施反常规操作。

反常规营销就是跳出传统认知，运用创新逻辑，营造新鲜感，从而占领消费者心智。

对于绝大多数耳机产品来讲，品牌往往会宣传自己的耳机产品品质如何好、性能如何高。但耳机除了实用功能之外，还可以当作配件来搭配和装饰自己。所以，beats耳机打破常规，不宣传产品功能，而是宣传产品的时尚。

要点提示：

反常规营销成功的关键在于认知反差。

反常规营销的核心在于形成认知反差，这样的认知又可以打破甚至颠覆人们的固有认知。通过认知反差让消费者关注到品牌，进而对品牌产生好感，为品牌买单。可以说，beats耳机卖的不是耳机，而是时尚配饰。

2. 反套路

反套路就是反惯例、反经验。

绝大多数品牌的营销套路都是"老王卖瓜，自卖自夸"，而反套路营销则是进行反向操作。

因为传统营销方式比比皆是，消费者看多了，已经产生了视觉、听觉上的厌倦。品牌的这种反套路操作使得消费者虽然明知是品牌广告，却也不会产生反感情绪，反而会让他们感到很新奇，因为好奇而接受，最终达到很好的营销效果。

一些反常规减肥广告，如"别看，我怕你瘦"；一些美妆品牌广告，如"别用，我怕你太漂亮"等。

通常，品牌都是吆喝受众看过来。然而，你越是主动推销，消费者的抵触情绪就越强烈。而这些广告套路则通过拒绝消费者的方式引发用户的好奇心和探索欲，反而会引起用户的关注，让用户主动了解产品，最后达成成交。

要点提示：

反套路营销重点在于抓住本质。

反套路营销，即品牌从问题的本质出发，直击问题根源，直接找到解决问题的办法。如对于爱美人士来讲，想变漂亮是她们购买产品的根本原因，美妆品牌为她们推广可以让其变美的产品，解决了其想要变美的难点，所以你的反常规营销才能取得成功。

【案例分享】

小米科技反其道而行之赢得市场

在市场竞争如此激烈的今天，任何一家品牌都希望产品能够卖出好价格，以此为自己带来更多的利润。

自苹果手机诞生后，一直走的都是高价格路线，在很多人眼中，苹果手机就是"有钱人"专属。

小米手机作为后起之秀，并没有与苹果手机叫板，而是反向行之，走"高性价比"的道路，以"高性价比"取胜。以小米手机青春版为例。当时小米手机青春版的出现恰好以高性价比的优势占领了中低价位智能手机市场，赢得了一大片用户的"芳心"，却也因此给处于高价格的苹果手机市场带来了不小的冲击。

事实上，小米科技的手机一直以来都具有高性价比的特点——与市场中同等配置的手机相比，功能齐全，质量上乘，价格更便宜，自然成为众多用户抢手的产品。

如今，小米科技在不同的阶段研发出不同的高性价比手机产品，在保证高质量的前提下，低价格是争夺市场的一个有力武器。

案例点评

在众多手机品牌为追求利润而高价销售产品的时候，小米科技反其道而行之，坚持高性价比惠及民众的理念。不但打造出品质上乘的产品，还尽可能以接近成本的价格来销售。这样做，完全是站在了消费者的立场上，让消费者花低价就能买到市场上相同品质的手机。这样，高性价比自然也就加快了销售信息的流通速度。产品的低价格带动产品的传播与营销，传播与营销又反过来带动产品销量的上涨。

小米如今的辉煌，很大一部分原因是赢在了产品的高性价比上，足见小米科技反其道而行之的营销策略的成功。

第 30 计
价增一顾：标榜价值，优势取胜

从消费者心理来看，能够真正让其作出购买决策的虽然有价格因素、品质因素等，但消费者综合考量的其实是产品或服务的价值。如果品牌产品或服务能够更好地彰显其价值，则能够凭借价值这一竞争优势取胜。

【计谋释义】

《战国策·燕策二》中有一句话："伯乐乃还而视之，去而顾之，一旦马价十倍。"意思是伯乐就走过去围着那匹马看，离开的时候又回头看了一眼。一日不到，这匹马的价格就成了原来的十倍。这就是价增一顾。

一匹马，因为伯乐多看了一眼，价格即成为原来的十倍。在营销领域，这一计策可以引申为品牌的某个产品和服务，借助价值的上升获得价格的提升，从而吸引更多的消费者。即便售价再高，也会因为产品或服务的高价值而出手购买。

提升价值、标榜价值是品牌在价格竞争中取得成功的一种重要方式。

【运用要点】

如何标榜价值来达到价增一顾的目的，进而实现销售转化呢？

第一步：价值挖掘

没有价值做支撑，品牌终将难以实现流量变现。品牌要通过产品价值来达到引爆销量的目的，首先就要对产品和品牌价值进行全面梳理，包括产品价值、服务价值、品牌价值三大部分。

（1）挖掘产品价值

挖掘产品价值主要是从新技术、新工艺、高性能、高审美出发。

高科技，本身就含有很高的技术含量。将高科技融入产品，就能为产品增值不少。

新工艺，代表着先进的生产力。含有新工艺的产品具有较高的附加价值。

高性能正是每位消费者所追求的，性能越高对于消费者来讲越有价值。

高审美往往与艺术挂钩。产品的外观能够上升到艺术层次，其价值必定能得到大幅提升。

（2）挖掘服务价值

挖掘服务价值应当从是否能满足用户的基本需求、是否能满足用户的期望需求、是否能超预期满足用户需求这三个层次来体现，其服务价值呈阶梯式增长。

（3）挖掘品牌价值

品牌价值指文化价值、情感价值、功利价值等。一个品牌被赋予了文化、情感和功利，就已经从一个冷冰冰的品牌变得更具温度。有温度的品牌相比较而言更具价值。

要点提示：

挖掘价值需要本着以下两个原则。

原则一：客观

挖掘品牌价值一定要本着客观的原则进行，越客观越容易让人信服，越容易让受众为价值买单。

原则二：垂直

挖掘品牌价值一定要向着更深层次去挖掘，才能让产品、服务、品牌价值最大化，更具变现能力。

第二步：价值重估

时代在变迁，市场环境在变化，品牌的价值也会随之发生变化。不同时代，品牌的价值侧重点也会有所不同，甚至会有天壤之别。在挖掘价值之后，接下来就要根据当下人们的价值观对产品、服务、品牌的价值重新进行估量。

要点提示：

进行价值重估，要做到以下两点。

① 与时俱进

时代在变化，价值重估也应当与时俱进，立足当下。

② 目光长远

在进行价值重估的时候，要目光长远，从品牌未来发展出发，才能真正实现价值重估。

第三步：价值匹配

品牌在对自身价值有全新、全面的了解之后，接下来就要根据目标消费者需求，有针对性地将品牌价值与目标消费者需求相匹配。

如何进行价值匹配呢？首先就是要建立以目标消费者为中心的观念，要从目标消费者的真正需求出发，将品牌价值与目标消费者的真正需求相匹配，从而实现品牌与目标消费者的价值连通。

要点提示：

寻找目标消费者的需求，一定要找那些最突出的需求，这样的需求才是核心需求。品牌价值与用户核心需求相匹配，才能更好地激发消费者的购买欲望。

第四步：价值呈现

品牌的价值竞争优势一定要展现出来，让目标消费者感知到。价值自己不会说话，所以一定要找一种清晰传达价值的方法，如图文、视频等方式，以实实在在的价值赢得消费者。

要点提示：

价值传达或呈现时，渠道很重要，最好选择那些流量聚集高地，如微信朋友圈、公众号、短视频平台等，以便让营销变现效果实现最大化。

【案例分享】

某罐头厂标的价值销量暴增

在20世纪八九十年代，罐头在国内很有市场，是当时很多人的零食小吃。汕头有一家罐头厂，生产的橘子罐头非常有名。但剩下的橘子皮却存在处理难题。这家罐头厂以九分钱一斤的价格送往药品收购站销售。难道只有把橘子皮制作成陈皮才有好的销量吗？

为了解决这个问题，罐头厂研发出了一款全新的小食品——珍珠陈皮。

后来，经过市场调查发现，这种小食品深受女性和儿童的喜爱，口感好，多吃不胖，正好解决了女性惧怕吃零食而导致肥胖的问题，而且当时市场上也没有同类产品。所以，这家罐头厂除了生产罐头，还大量生产珍珠陈皮。之后就以"养颜、好吃、不胖"作为价值点，将珍珠陈皮投放市场。结果，珍珠陈皮的销量暴增。

案例点评

原本缺乏销路的橘子皮，从9分钱一斤攀升到了三十多元一斤，还能卖得异常火爆。其原因就在于该罐头厂将橘子皮变换了一种形式，并赋予其"养颜、好吃、不胖"的价值。这一价值正好是广大女性、儿童消费者突出的需求点。在价值的带动下，即便低廉不受待见的橘子皮的价格也能够水涨船高。

第 31 计
引人入胜：还原场景，身临其境

真实的事物往往能打动人心，引人入胜，而引人入胜策略如果运用得好，在品牌营销活动中，它反而能达到十分理想的营销效果。

【计谋释义】

南北朝时期的文学家刘义庆在其所著的《世说新语·仁诞》中写道："王卫军云：'酒正自引人着胜地。'"意思是：光禄大夫王蕴说："酒正好能让每个人在醉眼蒙胧中忘掉自己。"这里的"引人着胜地"，即引人入胜，意思是指十分吸引人的、使人沉醉的优美的境界，多指山水风景或文艺作品吸引人。

在营销领域，引人入胜策略也是品牌的常用套路。场景还原，就是一种典型的引人入胜。

所谓场景还原，即在某一特定的空间里，模仿消费者真实的消费场景、产品真实的生产场景等，让产品与消费者的生活场景相关联。消费者即便在仿建的场景中，也能很好地认识产品。通过模仿的场景风格，可以更加精准地吸引受众，促成成交。

【运用要点】

品牌在营销的过程中，如何做到场景引人入胜呢？

1. 还原生活场景

任何一种产品都是在特定生活场景中被消费者使用的。基于这一点，品牌完全可以借助生活化场景，进行1∶1复刻，营造一个特定的日常生活环境和氛围。这样，即便是构建的场景，也能让用户感觉自己处于一个真实的场景当中，有助于用户直接转化成品牌消费者。

比如，直播间带货时，往往会打造线下门店1:1货品展示柜，摆放上销售的商品，对进入直播间的用户进行产品展示。

再如，有的淘宝店家会别出心裁地将店铺打造成与实体店一样的货架，在货架上展示店铺商品。这样不但给人一种视觉上的整齐划一感，还会营造一种进入网上店铺就像进入实体门店一样的购物感觉。

要点提示：

要想让精心营造的销售场景实现引人入胜的效果，就需要品牌商精准把握当下用户诉求以及用户群体的喜好，据此打造精准的营销场景。

这种方法可以将过去单一的信息灌输，转化为通过满足用户场景需求使用户主动参与并积极购买。

2. 还原生产场景

如今，消费者更加注重产品的绿色、环保与安全。他们在购买商品时，会对产品安全给予更多的关注。在这样的大背景下，品牌商唯有让消费者对产品整个生产过程心知肚明，才能对产品品质放心，消除其对产品安全的疑虑。

当然，如果能走进生产车间让消费者亲眼看见生产过程是最好不过的。但很多时候由于诸多因素，不便将生产车间作为销售场景。这时，最好的办法就是对生产场景进行高度还原。消费者可以从中了解到每个生产环节的细节，认识产品的真实性、可靠性，对产品买得放心、用得舒心。显然，这就为消费者提供了一个充足的购买产品的理由。

还原生产场景，有以下两种途径。

（1）现场实拍录制，后续滚动播放

如今，直播带货已经成为一条重要的品牌变现渠道。品牌完全可以将这一有利的线上渠道利用起来。提前在生产车间对生产流程进行现场录制，然后对可以公开化的流程做好精细化剪辑，再在直播间以大屏幕的方式进行滚动播放。在直播间为用户进行生产环节展示，可以让消费者更好地了解品牌的安全生产。

（2）在特定空间还原某个生产环节

有的时候，由于时间、空间因素的限制，品牌无法将销售场景直接搬到生产车间，但可以在室内布置一个与某个生产环节十分相似的场景。

这样的场景更有代入感，更具新鲜感，能吸引更多的消费者积极参与进来，了解品牌。通过对品牌产生良好的认知，进而喜欢上品牌产品，实现品牌的变现。

要点提示：

虽然是要构建生产场景，但对生产车间、生产环节的还原要做到真实。还原得越真实，越有代入感，就越能让受众更好地了解品牌和产品，感受到产品的好，从而促进销售。

【案例分享】

某咖啡馆构建露营角落，解锁营销新玩法

在大都市中，有一家地理位置优越的咖啡店。为了吸引更多的消费者，该咖啡馆以露营灯、多变围炉桌、简易躺椅、置物架等常用露营物品打造了户外露营场景。给消费者一种沉浸式露营休闲体验。消费者可以三五成群结伴而来，在露营场景中感受围炉煮酒的惬意，也在社交氛围中感受到了这家咖啡品牌的温度。

露营对于那些生活在高楼林立、远离自然风光的大都市的人来讲，是一件可望而不可即的事情。这家咖啡馆却在室内搭建露营场景，满足了消费者的新鲜感和代入感。

靠着引人入胜的创意营销，这家咖啡店获客无数。

案例点评

这家咖啡馆的营销模式颇具创意，而且深谙大都市人群的真实需求，成功还原了露营场景，同时构建了年轻人更加青睐的社交场域，给消费者提供了一个与他人交流、亲近自然、身心放松的好去处。这使得人们对品牌的好感度也随之提升。这就是一个靠着引人入胜的创意营销的典型案例。

第32计

实事求是：数据说话，有理有据

任何时候做任何事情，实事求是都是最基本最有力量的要素。在营销转化这件事上，如果能按照事实说话，则每一句话都言之有据，让人信服，能够增强用户对品牌的信赖。

【计谋释义】

东汉著名史学家、文学家班固在其所著的《汉书·河间献王刘德传》中说道："修学好古，实事求是。"意思是刘德爱好古代文化，对古代文化的研究十分认真，总是在掌握充分的事实根据以后才从中求得正确可靠的结论。

实事求是，指从实际出发，探求事物的内部联系及其发展规律，认识事物的本质。通常指按照事物的实际情况办事。

在营销界流传着这样一句话："数据决定运营，运营决定成败。"

可见，用户数据是一种重要的资产，对于品牌运营来说至关重要。然而，数据是最具有客观性、权威性的，借助数据开展营销活动，是品牌实事求是的营销的最好体现。

在营销界还有这样一句话："营销好坏看数据。"数据决定着营销活动的好坏。

在当前这个数字时代，拿数据说话已经成为时代的真理。大家笃定人会说谎，但数据不会。因此，在品牌营销过程中，借数据说话是一个影响营销成败的关键因素。数据在一定程度上决定了一大群潜在用户是否能变为品牌的忠实用户。高转化意味着高收益。

【运用要点】

品牌如何借助实事求是策略提高收益呢？

1. 用数据消除用户的担忧

用户在购买产品前，尤其是在面对自己一无所知的产品时，往往会担忧产品的品质、功效、性价比、售后服务等，甚至担心自己上当受骗。此时，用数据消除他们的担忧是最有效的方法。

如何用数据消除用户的担忧呢？品牌可以亮出产品的好评率。这一数据能充分证明产品品质的好坏。好评率越高，代表产品的品质越好，越能受到消费者的认可。

要点提示：

品牌在晒出用户好评率的时候，最好能附上用户的正面评价，特别是权威人士的正面评价。有这些人的背书，消除用户担忧的效果更佳。

2. 用数据让用户觉得物超所值

用户往往不了解产品的成本和利润。因此，为了不吃亏，用户会尽可能去讲价，这也成了消费者的习惯。如果品牌想要获得利润，不被消费者无限制地砍价，就可以借助数据的力量。

简单来讲，用数据让用户觉得物超所值就是通过价格拆分的方法来实现。价格拆分，顾名思义就是将产品的售价进行拆解，在营销过程中，让消费者从数据层面觉得物超所值，从而轻松促成成交。

举个简单的例子。一套房子的售价很高，如果打出一套100平方米的房子售价100万元，这个总价会让人望而却步。房地产商为了弱化房价高这件事情，通常会告知消费者一平方米仅售10 000元，而且首期付款50万元，剩下的50万元分10年付完，贷款本金和利息每月只需要支付4 166.67元。

将价格进行拆分后，客户就更容易接受，也更易于成交。

要点提示：

这种价格拆分法使商品的价格看上去并没有那么可怕，从而使用户更容易接受。但前提是要把拆分后的价格清晰地展现在消费者面前，让消费者有更加直观的视觉感受。这种方法适用于那些价格昂贵的产品。

3. 用数据激发用户的从众心理

心理学上有一种效应叫"羊群效应"。羊群是一个很散乱的组织，平时它们会盲目地横冲直撞，但是一旦有头羊发现草场行动起来，其他羊也会不假思索地一哄而上，全然不考虑周围是否有狼群潜伏或者不远处是否有更好的草。简单来说，就是头羊往哪里走，后边的羊就会跟着往哪里走。这种"羊群效应"体现的就是一种从众心理。

数据可以激发用户的从众心理，让用户认为大家都在买。看到别人购买，用户就会认为这么多人选择一定不会有错，所以也就对产品产生了信赖，从而促成了交易。

如何用数据激发用户的从众心理呢？答案就是晒销量。

要点提示：

品牌在向客户列举销量数据时要明确一点，那就是品牌自身是大品牌还是小品牌。

大品牌本身就有很好的销量数据、好评量数据等，这些都能很好地体现大品牌的行业领导者地位，自然能使得消费者积极购买。

对于中小品牌，销量自然与大品牌无法相比。在晒数据的时候，如果直接列出总销量数据会显得有些寒酸，此时可以从产品热销的局部现象入手，如几分钟卖完几千件、回头客有多少等，以此营造出火爆销售的氛围，让消费者产生购买的欲望。

【案例分享】

香飘飘晒销量数据引爆销量

香飘飘是我国一家专业从事奶茶产品研发、生产和销售的品牌。谈及香飘飘，不得不让人想起那句经典的广告语："一年卖出七亿多杯，杯子连起来可绕地球两圈。"这就是借助庞大的销量数据，引发人们的从众心理，让那些还没有买过、喝过香飘飘奶茶的人迫不及待地购买并品尝这个能够卖出七亿多杯的奶茶究竟是什么味道。

当时，手里拿着一杯香飘飘奶茶也是一种时髦的象征，受到了年轻消费者的热烈追捧。香飘飘奶茶的销量也快速实现了跃升。后来，即便出现了优乐美、立顿等强劲对手，香飘飘依然位居同类产品市场第一。

案例点评

香飘飘能够实现销量的快速跃迁，与其大方晒销量数据有着很大的关系。在晒销量的过程中，香飘飘营造出了一种火爆销售的氛围，很好地激发了广大受众的购买欲望，最终为香飘飘创造了不可估量的经济收益。这足见数据加持作用下，实事求是营销的强大力量。

第 33 计

欲擒故纵：玩转逆反，水到渠成

品牌营销效果是由消费者决定的。很多时候，品牌在营销变现的过程中会有这样的体会：消费者就像是沙子，品牌越是想抓住消费者，效果越差。不如换个思维，与其牢牢抓住，不如撒手放开。撒手放开反而能水到渠成。

【计谋释义】

《三十六计》中有一计，叫作欲擒故纵，原句是这样的："逼则反兵，走则减势。紧随勿迫，累其气力，消其斗志，散而后擒，兵不血刃。"意思是逼得敌人无路可走，敌人可能会拼死反扑，如果让敌人逃跑则可能削减敌人的气势。对逃跑的敌人要紧紧跟随，不能过于逼迫。要消耗敌人的体力，瓦解敌人的斗志，等到敌人士气低落、军心涣散的时候再去擒拿，这样即可避免不必要的流血牺牲，还能取胜。

欲擒故纵的意思是要捉住他，就先故意放开他。比喻为了进一步控制对方，先故意放松一步。

欲擒故纵计策中，一个"擒"，一个"纵"，看似一对矛盾体，实则统一，归根结底，都是为了一个"擒"字。"纵"是手段，"擒"是目的。有些时候"欲擒故纵"反而更容易达到目的。

在品牌营销过程中，欲擒故纵可以体现为表面上是对销量可有可无的态度，但实际上这种态度是为真正"擒住"消费者做铺垫，吊足了消费者胃口之后，更加有利于营销转化。

其实，欲擒故纵计策是借用了人们的逆反心理。严谨地说，逆反心理就是对外界情感与行为作出负向心理反应，并进一步影响其后续行为。在营销学领域，这种逆反心理简单来说就是"故意对着干""反其道而行之"。这是营销过程中"擒住"消费者的创意突破口。

当然，逆反心理可以朝着好的方向逆反，也可以朝着坏的方向逆反。品牌如果应用得当，就会产生积极的变现效果。

【运用要点】

欲擒故纵营销策略应该通过什么方法来实现呢？常用的营销方式是限量销售。

俗话说："物以稀为贵。"在绝大多数人看来得不到的才是最珍贵的，才是最好的。很多聪明的商家和企业将这种思想广泛地运用于商品或服务的品牌推广，这种做法在营销学界被冠以"饥饿营销"之名。饥饿营销的本质就是限量销售。

针对大众的这种"得不到的才是最好的"心理，品牌借助饥饿营销策略，将产品卖给最饥渴的人，能获得意想不到的销量。

什么是饥饿营销呢？饥饿营销实际上是商家为了调控产品的供需关系，有意识地降低产品的生产产量，制造一种产品在市场中供不应求、限量销售的现象，从而让消费者产生一种购买产品的急切愿望，形成一种抢购的心理。

这种营销模式在激发消费者购买欲望的同时，又不满足其欲望或者将满足的时机拖延滞后，进而达到稳定商品价格、获得较高收益的目的。

饥饿营销最常用的营销词就是"数量有限，先到先得"。

要点提示：

实施限量销售的核心有以下两点。

①商品有诱惑力

保证商品对购买者有足够的诱惑力，让购买者体会到一货难求的紧张和刺激。

②抓住营销时机

限量销售能产生显著营销效果的关键就是把握时机。如果过度吊消费者胃口，很有可能产生相反的负面作用。借助"缺货""供不应求"之类的字眼进行炒作，可以帮助品牌更好地提升品牌影响力。

【案例分享】

小米科技饥饿营销引发求购热潮

小米科技可谓将饥饿营销运用得炉火纯青。

小米在成立前几年，饥饿营销几乎成了小米的标配，让广大消费者"一机难求"。小米科技采用的饥饿营销模式为产品发布会→消费等待→销售抢购→全线缺货→销售抢购→全线缺货。

小米科技饥饿营销模式实现的途径是让消费者通过互联网途径进行预购，等到产品正式出售的时候再抢购，让消费者感受抢购的快乐和喜悦。小米科技则通过控制产品的发售量营造出一种产品短缺的现象，这也促成了每次小米手机上市都会出现激烈抢购的场面。

官方数据显示，当时小米 1S 首次进入市场时，20 万台小米 1S 在几十分钟内被抢购一空，这在中国手机销售史上是极为少见的。这就是小米科技饥饿营销的结果。

如今，为了更好地适应市场需求，小米科技的营销模式逐步发生了变化和调整。虽然小米科技现在已经不再延续以往的饥饿营销模式，但饥饿营销曾经给小米科技带来的巨大销量是不可否认的事实。

案例点评

对于广大消费者来讲，小米科技开展饥饿营销，虽然产品价格不贵，却买不到，实现了用户精准营销的同时，更勾起了那些买不到的人蠢蠢欲动的心理：越买不到就越想买。足见小米科技借助饥饿营销不但恰到好处地提高了品牌价值，而且还增加了粉丝黏度，有效提升了产品的销量。

第34计

以逸待劳：创新体验，激发购买

品牌营销是一件劳心费力的事情，最好的状态就是以逸待劳、坐等消费者积极上门。这种状态看起来难以实现，但只要掌握好营销技巧，便不是难事。

【计谋释义】

春秋时期著名兵学家孙武的《孙子·军争》中有一句："以近待远，以佚待劳，以饱待饥，此治力者也。"意思是以近路等待敌人的远道而来，以安逸等待敌人的疲劳，以饱食等待敌人的饥饿，这是掌握军队战斗力的方法。

以逸待劳指在战争中做好充分准备，养精蓄锐，等疲乏的敌人来犯时给以迎头痛击。

善于用兵的人，往往能在敌人来临之前做好应战准备，以便关键时刻发力，一招击败敌人。品牌做营销，也应当像用兵一样，平日进行营销策略创新，关键时刻一招激发消费者购买。

品牌营销变现离不开用户体验。为用户带来高质量的体验，用户才会主动买单。而这个借助创新体验激发消费者购买的过程，就是一个以逸待劳的过程。品牌设计出创新体验策略之后，就会吸引一些好奇并想要体验的用户前来亲自体验一番。有了创新体验，当消费者已经喜欢上这种良好的体验时，就已经对这种体验感"上瘾"，就会主动掏腰包，让这种体验维持下去，此时成交已然达成。好的体验是促成销售转化的关键。

【运用要点】

品牌借体验创新实现以逸待劳主要从以下三个方面入手。

1. 感官体验

人是可以利用感官来感知世界的。感官包括视觉、味觉、嗅觉、听觉和触觉。感官体验可以为消费者提供良好的视觉感受，激发消费者的购买欲望，引导消费者的购买行为。

感官往往决定了消费者购买产品的概率。很多时候，我们第一眼看到一个产品的外观特别新颖就会被它所吸引，之后与其他产品进行比较，发现依然觉得第一眼能够吸引自己的产品就是自己最喜欢的。进行感官体验创新，实现的方式有以下五种。

（1）视觉方面

创新产品的包装设计、色彩搭配，给消费者带来视觉冲击。

（2）味觉方面

从酸、甜、苦、辣、咸五个基本元素出发，刺激消费者味蕾，让其通过不一样的味道产生愉悦感。

（3）嗅觉方面

利用甜美的味道让人神清气爽；利用刺激性气味能够引起人们的注意。通过不同的气味刺激消费者大脑皮层，影响其情绪，激发其购买欲望。

（4）听觉方面

悦耳的声音使消费者身心放松，让消费者获得轻松的消费体验，进而产生购买欲望。

（5）触觉方面

通过不一样的手感让消费者感受到品牌产品与其他产品之间的差异，比如家纺产品的丝滑感、柔美感，相较于那些粗糙、坚硬材质的产品，消费者会更加喜欢手感舒适的家纺产品。

要点提示：

感官体验要围绕品牌产品特点进行创新，要重点突出产品所蕴含的属性和特质。

2. 服务体验

当前，消费者购买的已经不是单纯的产品，而是产品背后的服务。良好的服务体验是让产品能够出类拔萃的重要因素。以客户满意为宗旨的服务体验才是绝佳的体验。

要点提示：

服务拼的就是细致入微。服务体验创新要从细微处入手。唯有从细微处着眼，让创新成为服务的核心，才会为企业品牌塑造更加高大上的形象。

3. 互动体验

营销是为了更好地拉近品牌与消费者之间的距离，让消费者成为品牌的朋友。而实现这一关系的关键就是"互动"。进行互动体验创新可以更好地丰富消费者的消费体验，有助于激发消费者的购买热情。

海底捞就十分注重与用户的互动体验。有顾客当天过生日，海底捞就会送礼物、送长寿面，还会热情地举出生日灯牌，为顾客唱生日祝福歌。这样感人、欢乐的服务体验，是顾客在其他餐饮店所无法体验的。也正因如此，海底捞吸引了很多顾客的多次光顾。

要点提示：

互动体验创新要以用户真正能够参与进来为原则。没有顾客参与互动，顾客也就无法获得美好的体验，品牌后续也难以实现以逸待劳。

【案例分享】

亚朵集团创新体验，以逸待劳创营销奇迹

亚朵集团作为一个酒店类新品牌，为了提升入住率，与马蜂窝合作，推出"旅行人格酒店"。

所谓"旅行人格酒店",就是根据九种不同"人格"的游客的旅行偏好,对酒店房间以及其他细节进行特殊布置,共有 9 间房,分别对应 9 种旅行人格。

这种创新互动体验,使得游客能够根据自己内心的想法,积极选择符合自己人格特质的主题房间。结果,"旅行人格酒店"上线 3 分钟,就被一抢而空。

案例点评

亚朵集团营销模式的可取之处在于进行互动体验创新,激发游客自主参与进来,并对号入座选择自己喜欢的人格主题房间入住。整个过程中,亚朵集团"出题"后无须再做什么,只需静待游客下单选房、订房即可。

第 35 计
以退为进：进退有度，收放自如

品牌一味地激进式营销，反而会让人有一种压迫感，并由此对品牌产生反感。这样是非常不利于品牌流量转化的。倒不如创新营销，以退为进，以守为攻。这样反而能化被动为主动，激发消费者快速作出购买决策。

【计谋释义】

汉朝思想家扬雄的《法言·君子》中有句话："昔乎，颜渊以退为进，天下鲜俪焉。"意思是过去颜回一碗饭、一瓢水，居深巷陋室而怡然自得，正是把退让看作前进，世上少有比得上他这样境界的人。

以退为进，指以谦让取得德行的进步，后指以退让的姿态作为进取的手段。

事实上，品牌做生意也不妨不按常理出牌，采用这种以退为进的策略慢慢引导。但这些诱导性的话语实际上保持着很大的弹性。品牌虽然看似在退让，却并没有把话说死，而且还给予消费者一些建议和提示，让消费者向自己推荐的产品慢慢靠拢，最终还为自己赢得了市场，赚得了十分可观的利润。

【运用要点】

在具体应用的过程中，以退为进营销策略可以通过以下两种方法实现。

1. 降价促销

降价促销是以退为进的一种有效方法。很多时候，品牌为了提升销量，就会先降价进行让步，如被冠以"跳楼价""骨折价""放血价"，然后以惊爆低价吸引消费者购买。对于消费者而言，降价就是捡便宜。在占便宜心理的作用下，消费者就会抓紧时间购买。而品牌却因为降价促销获得了立竿见影的变现效果。

龙湖地产对于以退为进营销策略的使用可谓轻车熟路，经常会使用这样的营销术语："机不可失，时不再来，开盘白菜价，错过悔三年。"也正是凭借这样的策略，龙湖地产没有金九银十之分，全年都是营销旺季。

要点提示：

降价促销这一以退为进的方法得以成功实现，关键是要抓住消费者心理。价格对于消费者来讲，是一个敏感话题。品牌在价格上作出让步能让消费者产生一种占便宜心理，消费者就会因此而积极购买，这就是品牌的"进"。

2. 停止销售

以退为进的另一种方法就是停止销售。如果一味地游说用户，急于将产品销售出去，无疑会让受众产生抵触情绪，欲速则不达。如果设计一种方法，告知用户已停止售卖，反而能激起消费者的购买决心。

很多品牌为了快速清理积压的货物，会采用停止销售的方法。常用的营销话术："厂家直销，最后三天大清仓。"这句话意味着三天后停止销售是"退"，实则是为了达到快速销售的目的，这是"进"。

要点提示：

用停止销售达到吸引购买的目的，其关键就是要做到收放自如。"放"要设置一个限度，有时间期限；在适当的时间"收"，停止售卖。这样才能达到很好的营销效果。否则，无休止地"放"，消费者习以为常，也难以达到"进"的目的。

【案例分享】

海尔集团以退为进的营销策略

海尔公众号曾推送过这样一篇文章——《一个小时前，我们改变主意了》。内容如下：

"可我们不想卖了，我知道你觉得它挺丑的。卖产品的方式有一万种，最糟糕的就是现在这种。自己不喜欢的产品，却想打动别人。对不起，我们过不了自己这关。对不起，一小时前我们才想起停止这场营销。如果你还是想买，那好吧，点击'阅读原文'。"

这篇文章针对的是海尔的周边产品，即一套海尔兄弟定制T恤。但是，海尔却表现出了其"心机"，表示因为这套海尔兄弟定制T恤太丑的缘故，在一个小时前，决定停止这次营销。但还在文章结尾处附上一句"如果你还是想买，那好吧，点击'阅读原文'"并附上购买链接。显然，海尔这是典型的以退为进。

案例点评

在营销过程中，海尔集团将以退为进策略应用得堪称一绝。

首先，标题引人注目，让消费者看到标题后就产生好奇，对"改变了主意"想要一探究竟，看海尔究竟改变了什么主意？

其次，"停止这场营销"直接告知消费者停止销售。这即是海尔"退"的策略。

再次，"如果你还想买"，用一个大转折使之前"停止这场营销"

这句话得以盘活，将消费者又拉了回来。

最后，"点击'阅读原文'"并附上购买链接，是进一步暗示和引导消费者购买。这即是海尔"进"的策略。

经过海尔这一番操作，使其成功营销变现的概率大增，快速达到变现目标，值得各大品牌学习和借鉴。

第36计
眼见为实：多方见证，赢得信赖

俗话说，耳听为虚，眼见为实。在营销活动中，要想让消费者对品牌和产品信服，将品牌和产品夸得天花乱坠不如让消费者眼见为实。因为与听觉、嗅觉、触觉、味觉相比，人们更加愿意相信自己的眼睛。只有亲眼看到的美好，才能直达内心，才能让消费者感知到产品的优点。

【计谋释义】

汉朝文学家刘向在其所著的《说苑·政理》中有云："夫耳闻之，不如目见之；目见之，不如足践之。"意思是耳朵听到的不如亲眼看到的，亲眼看到的不如自己调查到的。"耳听为虚，眼见为实"即出自此。

眼见为实，即不轻信传闻，看到的才是事实。

眼见为实也可以用于品牌营销过程中。消费者往往更加愿意接受自己亲眼看到的东西。所以，想要说服消费者购买，品牌还需要借助眼见为实的营销策略。给消费者吃下"定心丸"，消费者才会放心购买。

【运用要点】

在应用的过程中，眼见为实策略应该如何操作呢？

1. 实物直接见证

如果在营销过程中，销售员只是单一地通过描述介绍产品，消费者所接收的信息难以很好地串联起来，消费者就难以在脑海中对产品的实际情况有精准的想象，更无法明确描述中的产品是否与实物相符。这会给人一种虚无缥缈的感觉，很难让人信服，更不会让消费者兴奋。

如果你在现场向消费者展示实物或在线上商品详情页中以图片、文字甚至是视频的方式全方位地展示产品细节及功能，并附上权威机构颁发的合格证书等，消费者对品牌和产品的信任度就会大幅提升，购买兴趣也会随之而来，能有效增强消费者的购买动力。

要点提示：

实物直接见证，一定要做到以下两点。

①全面

全面，即便于让消费者亲眼看到商品的真实情况，让消费者全面了解产品属性、功能和资质。

②细致

品牌一定要通过细节展示，突出产品的优点和优势。

2. 他人间接见证

他人间接见证，就是让消费者看到别人的使用心得、使用体验等，从而对产品产生信赖，进而放心购买。

（1）老客户见证

通常，真正使用过产品的人才更有发言权，他们通过真实体验总结出来的心得才是最有说服力的。当老客户在为潜在客户分享使用体验、见证产品品质时，那些潜在客户已经在不知不觉中成了你的目标客户，并一步步从目标客户转化为成交客户。

常用的老客户见证就是商品评价。商品评价一般是指老客户以文字、图片、视频的形式来展现产品的使用心得。这种"有图有真相"的老客户见证方式能够给潜在目标客户一个很好的参考，有助于提升客户的购买率。

（2）名人见证

知名度、美誉度较高的人群，我们称为名人。名人见证相比较而言更具说服力和可信度，更有助于引发受众的兴趣和购买欲。通常可以借助名人代言、名人与产品的合影、名人签名等方式作为见证方式。消费者看到名人见证，比看到品牌铺天盖地发广告对产品的信赖会高很多，购买意愿也会高很多。

（3）竞品对比见证

竞争对手往往是最好的见证人。除了以上两种方式之外，品牌还可以借助竞品对比见证的方式提升消费者的购买动力。没有对比就没有伤害，在与竞品对比后，客户才能更好地看到突出的产品优势，促成客户快速下单。

要点提示：

利用他人间接见证策略时，品牌一定要想方设法很好地向消费者展示这些见证，并让消费者看到。这样才能达到销售转化的目的。

【案例分享】

海尔借竞品对比见证吸金

海尔旗下某区开展了一场别出心裁的营销活动：现场拆机对比。

活动现场摆放了三台尺寸大小存在显著差异的空调室外机。技术人员在台上当场拆机，并向台下消费者做相关知识讲解和产品介绍，将空调制冷、制热、省电、质量好等优势一层一层地告诉消费者。消费者则用现学的空调知识，对普通品牌空调机的材料选择、制造工艺、质量、噪音等多个方面进行对比，深刻感受到了海尔空调安全、舒适、优质的使用体验，更是清楚、直观地看到了普通空调与海尔空调的差距。

所有这些深刻地触动了消费者的神经，不少观看室外机现场拆机质量对比的消费者对海尔空调的品质有了全新的认知。有人现场拍照、录制视频发朋友圈，大赞海尔空调的品质，甚至有需求的人当场就订购了自己心仪的空调机型。

案例点评

海尔举办的这场拆机活动，拿自己的产品与其他产品对比，让消费者直观地见证了海尔产品的好品质以及优势，使得海尔在广大消费者心中树立了良好的品牌形象，也让海尔的销量直线飙升。